개정판

The Japanese Language

# 쉽고 재미있는 생생일본어

송경희 지음

日本語

백산출판사

# 머리말

국제화 시대에 발맞추어 외국어는 선택이 아니라 필수사항이 되고 있는 요즘, 일본어는 우리에게 더 이상 낯선 언어가 아니다. 일본어를 모국어로 하는 자는 물론, 그들의 말을 공부한 세계 모든 사람과 소통할 수 있는 수단이자 도구이다. 일본은 지리적으로 가까운 만큼 여행을 위시한 서로 간의 왕래도 빈번하고 민간교류 또한 다양한 분야에서 활발히 이루어지고 있다. 특히, 양국 간의 밀접한 관계를 형성하고 있는 우리로서는 일본을 바로 알고 바로 이해하기 위해 일본어 공부는 필수불가결하다.

일본어는 TV를 틀면 자연스럽게 나오는 일본 뉴스와 드라마, 다큐, 오락 프로그램 등에서 그들의 생활상과 문화를 엿볼 수 있어 친근감을 가지고 익힐 수 있는 언어이기도 하지만 '소통'이라는 측면에서 본다면 아직 가야 할 길이 멀다는 것을 우리는 알고 있다. 배운 것을 적재적소에서 편안한 어조로 잘 주고받을 수 있다는 것은 그리 쉬운 일이 아니다. 언어는 그 나라의 역사와 문화, 삶 속에서 생겨난 오래된 역사적 산물로 그들의 정서가 고스란히 담겨 있어 말이 가진 뉘앙스를 제대로 이해하지 못하면 오류가 생기기 쉽기 때문이다. 하여 초급 학습자의 경우라도 말의 배경과 파고를 잘 이해하고 있으면 배운 것 이상의 활용능력이 생기게 되고 부드러운 대화분위기를 연출할 수 있다. 일본어 특유의 정서를 이해하고 실생활에서 좀 더 유용하게 활용할 수 있는 언어습득이 필요한 건 이러한 이유에서이다.

일본어는 언어구조학적인 측면으로 볼 때 우리말 어순과 많이 닮아 있어 여타 언어보다 기초과정습득이 빠르다고 할 수 있어 그만큼 기본기를 익히는 데 나태해지기 쉬운 말이기도 하다. 다름에서 오는 차이를 인지하고 끈기를 가지고 차근차근, 꾸준히 해야만 실력향상과 더불어 자신이 원하는 목표를 이루고 빛을 발할 수가 있다.

본 책은 오랜 시간 현장에서 일본어를 가르치면서 쌓은 경험을 바탕으로 기초회화과정에서 필요한 학습내용을 알기 쉽고 유용하게 익힐 수 있도록 구성했다. 그리고 회화 문형 속에 내재된 문법적인 표현도 책 속의 말로 두지 않고 실제 상황에서 바로 활용할 수 있는 문장으로 응용하여 학습자들의 실력향상과 대화능력을 높이도록 했다. 또한 일본어 한자를 쉽고 친근하게 읽을 수 있도록 배려하여 한자읽기에 대한 부담을 줄였고, 본문 등장인물의 이름 또한 다양하게 제시해 실용성을 더하였다.

각 단원 마지막에 「잠깐!」이라는 코너를 배치하여 학습자에게 흥미와 재미를 유도하고, 일본어 공부에 필요한 여러 사항들을 자연스럽게 익힐 수 있도록 하여 일본문화에 대한 이해증진을 도모하였다. 그만큼 본 책을 체계적으로 익혀나가는 과정 속에서 학습자들은 어느 순간 기본실력이 갖추어져 있음을 실감하는 동시에 외국인과 소통할 수 있는 기쁨을 누리게 될 것이며, 자신에게 또 다른 힘이 부여되어 있음을 느끼게 될 것이다.

모쪼록 본 교재의 특징을 잘 활용해 언어능력을 향상시키고 이 책이 한국과 일본의 새로운 이해를 얻어낼 수 있는 교량 역할을 한다면 더 바랄 나위 없을 것이다.

저자

# 차 례


UNIT 01 일본어의 문자 / 9

UNIT 02 일본어의 기본 발음 / 17

UNIT 03 일본어의 특수 발음 / 41

UNIT 04 처음 뵙겠습니다. はじめまして。 / 49

UNIT 05 이것은 무엇입니까? これは何(なん)ですか。 / 59

UNIT 06 가족은 몇 명입니까? ご家族(かぞく)は何人(なんにん)ですか。 / 69

UNIT 07 테이블 밑에 고양이가 있습니다. テーブルの下(した)に猫(ねこ)がいます。 / 79

UNIT 08 지금 몇 시입니까? 今(いま)、何時(なんじ)ですか。 / 89

UNIT 09 오늘은 무슨 요일입니까? 今日は何曜日ですか。/ 99

UNIT 10 이것은 얼마입니까? これはいくらですか。/ 111

UNIT 11 정말 맛있군요. とてもおいしいですね。/ 123

UNIT 12 전통요리를 좋아합니다. 伝統料理が好きです。/ 139

UNIT 13 어느 정도 걸립니까? どのくらいかかりますか。/ 151

UNIT 14 신문을 읽고 있습니다. 新聞を読んでいます。/ 159

UNIT 15 일본어를 할 수 있습니까? 日本語ができますか。/ 171

부록 / 181

UNIT

# 01

# 일본어의 문자

# Unit 1 일본어의 문자

쉽고 재미있는 생생 일본어

## 1. ひらがな

### (1) 청음(清音)

| あ<br>a | い<br>i | う<br>u | え<br>e | お<br>o |
|---|---|---|---|---|
| か<br>ka | き<br>ki | く<br>ku | け<br>ke | こ<br>ko |
| さ<br>sa | し<br>shi | す<br>su | せ<br>se | そ<br>so |
| た<br>ta | ち<br>thi | つ<br>tsu | て<br>te | と<br>to |
| な<br>na | に<br>ni | ぬ<br>nu | ね<br>ne | の<br>no |
| は<br>ha | ひ<br>hi | ふ<br>hu | へ<br>he | ほ<br>ho |
| ま<br>ma | み<br>mi | む<br>mu | め<br>me | も<br>mo |
| や<br>ya | | ゆ<br>yu | | よ<br>yo |
| ら<br>ra | り<br>ri | る<br>ru | れ<br>re | ろ<br>ro |
| わ<br>wa | | | | を<br>o |
| ん<br>n | | | | |

## (2) 탁음(濁音)

| | | | | |
|---|---|---|---|---|
| が<br>ga | ぎ<br>gi | ぐ<br>gu | げ<br>ge | ご<br>go |
| ざ<br>za | じ<br>zi | ず<br>zu | ぜ<br>ze | ぞ<br>zo |
| だ<br>da | ぢ<br>zi | づ<br>zu | で<br>de | ど<br>do |
| ば<br>ba | び<br>bi | ぶ<br>bu | べ<br>be | ぼ<br>bo |

## (3) 반탁음(反濁音)

| | | | | |
|---|---|---|---|---|
| ぱ<br>pa | ぴ<br>pi | ぷ<br>pu | ぺ<br>pe | ぽ<br>po |

### (4) 요음(拗音)

| | | |
|---|---|---|
| きゃ<br>kya | きゅ<br>kyu | きょ<br>kyo |
| しゃ<br>sya | しゅ<br>syu | しょ<br>syo |
| ちゃ<br>cha | ちゅ<br>chu | ちょ<br>cho |
| にゃ<br>nya | にゅ<br>nyu | にょ<br>nyo |
| ひゃ<br>hya | ひゅ<br>hyu | ひょ<br>hyo |
| みゃ<br>mya | みゅ<br>myu | みょ<br>myo |
| りゃ<br>rya | りゅ<br>ryu | りょ<br>ryo |

| | | |
|---|---|---|
| ぎゃ<br>gya | ぎゅ<br>gyu | ぎょ<br>gyo |
| じゃ<br>zya | じゅ<br>zyu | じょ<br>zyo |
| ぢゃ<br>zya | ぢゅ<br>zyu | ぢょ<br>zyo |
| びゃ<br>bya | びゅ<br>byu | びょ<br>byo |

| | | |
|---|---|---|
| ぴゃ<br>pya | ぴゅ<br>pyu | ぴょ<br>pyo |

## 2. カタカナ

### (1) 청음(清音)

| ア<br>a | イ<br>i | ウ<br>u | エ<br>e | オ<br>o |
|---|---|---|---|---|
| カ<br>ka | キ<br>ki | ク<br>ku | ケ<br>ke | コ<br>ko |
| サ<br>sa | シ<br>shi | ス<br>su | セ<br>se | ソ<br>so |
| タ<br>ta | チ<br>thi | ツ<br>tsu | テ<br>te | ト<br>to |
| ナ<br>na | ニ<br>ni | ヌ<br>nu | ネ<br>ne | ノ<br>no |
| ハ<br>ha | ヒ<br>hi | フ<br>hu | ヘ<br>he | ホ<br>ho |
| マ<br>ma | ミ<br>mi | ム<br>mu | メ<br>me | モ<br>mo |
| ヤ<br>ya | | ユ<br>yu | | ヨ<br>yo |
| ラ<br>ra | リ<br>ri | ル<br>ru | レ<br>re | ロ<br>ro |
| ワ<br>wa | | | | ヲ<br>o |
| ン<br>n | | | | |

### (2) 탁음(濁音)

| | | | | |
|---|---|---|---|---|
| ガ<br>ga | ギ<br>gi | グ<br>gu | ゲ<br>ge | ゴ<br>go |
| ザ<br>za | ジ<br>zi | ズ<br>zu | ゼ<br>ze | ゾ<br>zo |
| ダ<br>da | ヂ<br>zi | ヅ<br>zu | デ<br>de | ド<br>do |
| バ<br>ba | ビ<br>bi | ブ<br>bu | ベ<br>be | ボ<br>bo |

### (3) 반탁음(反濁音)

| | | | | |
|---|---|---|---|---|
| パ<br>pa | ピ<br>pi | プ<br>pu | ペ<br>pe | ポ<br>po |

### (4) 요음(拗音)

| キャ kya | キュ kyu | キョ kyo |
| --- | --- | --- |
| シャ sya | シュ syu | ショ syo |
| チャ cha | チュ chu | チョ cho |
| ニャ nya | ニュ nyu | ニョ nyo |
| ヒャ hya | ヒュ hyu | ヒョ hyo |
| ミャ mya | ミュ myu | ミョ myo |
| リャ rya | リュ ryu | リョ ryo |

| ギャ gya | ギュ gyu | ギョ gyo |
| --- | --- | --- |
| ジャ zya | ジュ zyu | ジョ zyo |
| ヂャ zya | ヂュ zyu | ヂョ zyo |
| ビャ bya | ビュ byu | ビョ byo |

| ピャ pya | ピュ pyu | ピョ pyo |
| --- | --- | --- |

UNIT 02

# 일본어의 기본 발음

# Unit 2 일본어의 기본 발음

쉽고 재미있는 생생 일본어

# 1. 히라가나

## (1) 청음(清音)

• あ행

| あ<br>a | い<br>i | う<br>u | え<br>e | お<br>o |
|---|---|---|---|---|

あい(愛) : 사랑　いえ(家) : 집
うえ(上) : 위　えいが(映画) : 영화
おい(甥) : 조카

• か행

| か<br>ka | き<br>ki | く<br>ku | け<br>ke | こ<br>ko |
|---|---|---|---|---|

かお(顔) : 얼굴　きく(菊) : 국화
くうき(空気) : 공기　こい(鯉) : 잉어
けしき(景色) : 경치

• さ행

| さ<br>sa | し<br>shi | す<br>su | せ<br>se | そ<br>so |
|---|---|---|---|---|

さけ(酒) : 술　　しか(鹿) : 사슴

すし(寿司) : 초밥　せき(席) : 좌석

そら(空) : 하늘

• た행

| た<br>ta | ち<br>thi | つ<br>tsu | て<br>te | と<br>to |
|---|---|---|---|---|

たてもの(建物) : 건물

ちず(地図) : 지도

つき(月) : 달

て(手) : 손

とけい(時計) : 시계

• な행

| な | に | ぬ | ね | の |
|---|---|---|---|---|
| na | ni | nu | ne | no |

なのか(七日) : 칠일

にく(肉) : 고기　　いぬ(犬) : 개

ねこ(猫) : 고양이　のち(後) : 뒤, 후

• は행

| は | ひ | ふ | へ | ほ |
|---|---|---|---|---|
| ha | hi | hu | he | ho |

はな(花) : 꽃　　ひと(人) : 사람

ふね(船) : 배　　へそ(臍) : 배꼽

ほし(星) : 별

• ま행

| ま<br>ma | み<br>mi | む<br>mu | め<br>me | も<br>mo |
|---|---|---|---|---|

まえ(前) : 앞　　みみ(耳) : 귀

むし(虫) : 벌레　　め(目) : 눈

もよう(模様) : 모양

• や행

| や<br>ya | | ゆ<br>yu | | よ<br>yo |
|---|---|---|---|---|

やま(山) : 산

ゆびわ(指輪) : 반지

よこ(横) : 옆

• ら행

| ら<br>ra | り<br>ri | る<br>ru | れ<br>re | ろ<br>ro |
|---|---|---|---|---|

らく(楽) : 편안함　　りす : 다람쥐

るす(留守) : 부재　　ろく(六) : 육

れいぶん(例文) : 예문

• わ행

| わ<br>wa |
|---|

わたし(私) : 나

わがし(和菓子) : 화과자

| ん<br>n |
|---|

ほん(本) : 책

てんいん(店員) : 점원

### (2) 탁음(濁音)

• が행

| が<br>ga | ぎ<br>gi | ぐ<br>gu | げ<br>ge | ご<br>go |
|---|---|---|---|---|

がか(画家) : 화가　　ぎむ(義務) : 의무

ぐうぜん(偶然) : 우연

げた : 나막신

ごご(午後) : 오후

• ざ행

| ざ<br>za | じ<br>zi | ず<br>zu | ぜ<br>ze | ぞ<br>zo |
|---|---|---|---|---|

ざる : 소쿠리　　じしん(地震) : 지진

ずつう(頭痛) : 두통

ぜいきん(税金) : 세금

ぞう(像) : 코끼리

• だ행

| だ<br>da | ぢ<br>zi | づ<br>zu | で<br>de | ど<br>do |
|---|---|---|---|---|

だいがく(大学) : 대학

はなぢ(鼻血) : 코피

つづ(続)く : 계속되다

でんわ(電話) : 전화

どろぼう(泥棒) : 도둑

• ば행

| ば<br>ba | び<br>bi | ぶ<br>bu | べ<br>be | ぼ<br>bo |
|---|---|---|---|---|

ばか(馬鹿) : 바보　　びじん(美人) : 미인

ぶどう(葡萄) : 포도

べつ(別)に : 별로

ぼうし(帽子) : 모자

### (3) 반탁음(半濁音)

| ぱ<br>pa | ぴ<br>pi | ぷ<br>pu | ぺ<br>pe | ぽ<br>po |
|---|---|---|---|---|

かんぱい(乾杯) : 건배　えんぴつ(鉛筆) : 연필

てんぷら : 튀김

ぺこぺこ : 배가 고픔

たんぽぽ : 진달래

### (4) 요음(拗音)

| きゃ<br>kya | きゅ<br>kyu | きょ<br>kyo |
|---|---|---|
| ぎゃ<br>gya | ぎゅ<br>gyu | ぎょ<br>gyo |

きゃく(客) : 손님　きゅうよう(急用) : 급한 볼일

きょり(距離) : 거리　ぎゅうにゅう(牛乳) : 우유

ぎゃく(逆)に : 반대로　ぎょうざ(餃子) : 만두

| しゃ<br>sya | しゅ<br>syu | しょ<br>syo |
|---|---|---|
| じゃ<br>zya | じゅ<br>zyu | じょ<br>zyo |

しゃしん(写真) : 사진

しゅみ(趣味) : 취미

しょくじ(食事) : 식사

じゃま(邪魔) : 방해

じゅく(塾) : 학원

じょせい(女性) : 여성

| ちゃ<br>cha | ちゅ<br>chu | ちょ<br>cho |
|---|---|---|

ちゃ(茶) : 차

ちゅうい(注意) : 주의

ちょくせつ(直接) : 직접

| にゃ<br>nya | にゅ<br>nyu | にょ<br>nyo |
|---|---|---|

こんにゃく：곤약

にゅうもん(入門)：입문

にょうぼう(女房)：아내

| ひゃ<br>hya | ひゅ<br>hyu | ひょ<br>hyo |
|---|---|---|
| びゃ<br>bya | びゅ<br>byu | びょ<br>byo |
| ぴゃ<br>pya | ぴゅ<br>pyu | ぴょ<br>pyo |

ひゃく(百)：백　　ひょうげん(表現)：표현

さんびゃく(三百)：삼백

はっぴゃく(八百)：팔백

ぴょこぴょこ：폴짝폴짝

ぴゅうぴゅう：씽씽(바람이 부는 소리)

| みゃ<br>mya | みゅ<br>myu | みょ<br>myo |
|---|---|---|

みゃく(脈) : 맥

みょうぎ(妙技) : 묘기

| りゃ<br>rya | りゅ<br>ryu | りょ<br>ryo |
|---|---|---|

りゃくじ(略字) : 약자

りゅうがく(留学) : 유학

りょう(寮) : 기숙사

## 2. 가타카나

### (1) 청음(清音)

• ア행

| ア | イ | ウ | エ | オ |
|---|---|---|---|---|
| a | i | u | e | o |

アイスクリーム : 아이스크림

イヤリング : 귀걸이

ウイルス : 바이러스

エラー : 에러　　オムレツ : 오믈렛

• カ행

| カ | キ | ク | ケ | コ |
|---|---|---|---|---|
| ka | ki | ku | ke | ko |

カラオケ : 노래방

キウイ : 키위

ケーキ : 케이크

コーヒー : 커피

クリスマス : 크리스마스

• サ행

| サ<br>sa | シ<br>shi | ス<br>su | セ<br>se | ソ<br>so |
|---|---|---|---|---|

サラダ : 샐러드

シーソー : 시소

スタイル : 스타일

セール : 세일

ソファー : 소파

• タ행

| タ<br>ta | チ<br>thi | ツ<br>tsu | テ<br>te | ト<br>to |
|---|---|---|---|---|

タオル : 수건

チーズ : 치즈

ツアー : 여행

テレビ : 텔레비전

トマト : 토마토

• ナ행

| ナ | ニ | ヌ | ネ | ノ |
|---|---|---|---|---|
| na | ni | nu | ne | no |

ナビゲーター : 내비게이션

ニュース : 뉴스

ノート : 공책

カヌー : 카누

ネクタイ : 넥타이

• ハ행

| ハ | ヒ | フ | ヘ | ホ |
|---|---|---|---|---|
| ha | hi | hu | he | ho |

ハリーポッター : 해리포터

ヒーター : 히터

フルーツ : 과일

ヘア : 헤어

ホテル : 호텔

• マ행

| マ<br>ma | ミ<br>mi | ム<br>mu | メ<br>me | モ<br>mo |
|---|---|---|---|---|

マット : 마트

ミルク : 우유

ムード : 분위기

メール : 메일

モノレール : 모노레일

• ヤ행

| ヤ<br>ya | ユ<br>yu | ヨ<br>yo |
|---|---|---|

ダイヤモンド : 다이아몬드

ユーチューブ : 유튜브

ヨーグルト : 요구르트

• ラ행

| ラ<br>ra | リ<br>ri | ル<br>ru | レ<br>re | ロ<br>ro |
|---|---|---|---|---|

ラーメン : 라면

リボン : 리본

ルーム : 방

レモン : 레몬

ロボット : 로봇

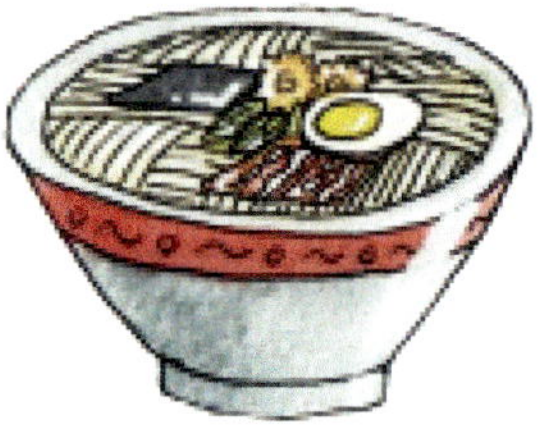

• ワ행

| ワ<br>wa | ヲ<br>o | ン<br>n |
|---|---|---|

ワンピース : 원피스

ボールペン : 볼펜

レストラン : 레스토랑

## (2) 탁음(濁音)

• ガ행

| ガ<br>ga | ギ<br>gi | グ<br>gu | ゲ<br>ge | ゴ<br>go |
|---|---|---|---|---|

ガソリン ： 휘발유　　ギター：기타

グアム ： 괌　　ゲーム：게임

ゴールド：금　　ゴルフ：골프

• ザ행

| ザ<br>za | ジ<br>zi | ズ<br>zu | ゼ<br>ze | ゾ<br>zo |
|---|---|---|---|---|

ザイリトール：자일리톨

ジム： 체육관

ズボン ：바지

ゼリー：젤리

アマゾン ：아마존

ゾーン：지역

• ダ행

| ダ<br>da | ヂ<br>ji | ヅ<br>zu | デ<br>de | ド<br>do |
|---|---|---|---|---|

ダンス : 춤

ダイナミック : 활동적

デート : 데이트

ドライ : 드라이

• バ행

| バ<br>ba | ビ<br>bi | ブ<br>bu | ベ<br>be | ボ<br>bo |
|---|---|---|---|---|

バナナ : 바나나

ビール : 맥주

ブース : 칸막이한 방

ベストセラー : 베스트셀러

ボックス : 상자

### (3) 반탁음(半濁音)

| パ pa | ピ pi | プ pu | ペ pe | ポ po |
|---|---|---|---|---|

パソコン ： 컴퓨터

ピアノ ： 피아노

プラスチック ： 플라스틱

ページ ： 페이지

ポイント ： 포인트

### (4) 요음(拗音)

| キャ kya | キュ kyu | キョ kyo |
|---|---|---|
| ギャ gya | ギュ gyu | ギョ gyo |

キャラメル ： 캐러멜

キュー : 큐

ギャップ ： 간격, 차이

| シャ<br>sya | シュ<br>syu | ショ<br>syo |
|---|---|---|
| ジャ<br>zya | ジュ<br>zyu | ジョ<br>zyo |

シャツ：셔츠　　シュークリーム：슈크림

ショップ：가게　　ジャンプ：점프

ジュース：주스　　ジョギング：조깅

| チャ<br>cha | チュ<br>chu | チョ<br>cho |
|---|---|---|

チャーミング：매력　　チューブ：튜브

チョコレート：초콜릿

| ニャ<br>nya | ニュ<br>nyu | ニョ<br>nyo |
|---|---|---|

ニュース：뉴스　　ニュアンス：뉘앙스

ニョキ：뇨키(이탈리아풍 수제비)

| ヒャ<br>hya | ヒュ<br>hyu | ヒョ<br>hyo |
|---|---|---|
| ビャ<br>bya | ビュ<br>byu | ビョ<br>byo |
| ピャ<br>pya | ピュ<br>pyu | ピョ<br>pyo |

ヒューマン：휴먼　　ヒューズ：퓨즈

ピュア：순수　　ビューティー：아름다움

ピョコピョコ：깡충깡충

| ミャ<br>mya | ミュ<br>myu | ミョ<br>myo |
|---|---|---|

ミャンマー：미얀마　　ミュージカル：뮤지컬

| リャ<br>rya | リュ<br>ryu | リョ<br>ryo |
|---|---|---|

リュックサック：배낭　　リューマチ：류머티즘

UNIT 03

# 일본어의 특수 발음

# Unit 3 일본어의 특수 발음

쉽고 재미있는 생생 일본어

## 1. 장음(長音)

히라가나(ひらがな)의 장음은 「あ · い · う · え · お」가 둘째 음절 이후에 올 경우 한 음절 길이로 발음하고, 가타카나(カタカナ)의 모든 장음은 「ー」로 표기하며 역시 한 음절 길이로 발음한다.

• 「あ」 단

おかあさん 어머니　　おばあさん 할머니　　カーテン 커튼

スカート 스커트

• 「い」 단

おにいさん 형, 오빠　　おじいさん 할아버지　　ビール 맥주

タクシー 택시

• 「う」 단

すうがく 수학　　ぎゅうにゅう 우유　　ふうふ 부부

スーパー 슈퍼마켓

• 「え」 단

おねえさん 언니, 누나　　えいご 영어　　ケーキ 케이크

ゲーム 게임

• 「お」 단

おおい 많다　　とおい 멀다　　おとうと 남동생

コーヒー 커피　　ボール 공

## 2. 촉음(促音) 「つ」

우리말의 받침역할을 하는 촉음 「つ」는 작게 써서 표기하고 한 음절의 독립된 길이를 가지며, 「つ」의 다음에 오는 음에 따라서 [ k ], [ t ], [ p ], [ s ] 등으로 발음이 달라진다.

• [ k ] : 「か」행 앞에서

いっかい 1층　　がっこう 학교　　さっか 작가
しっけ 습기　　そっくり 꼭 닮음　　にっき 일기
まっか 새빨간

• [ t ] : 「た」행 앞에서

あさって 모레　　おっと 남편　　きって 우표
くっつく 달라붙다　　こっち 이쪽　　まったく 전혀
みっつ 셋　　ちょっと 잠깐

• [ p ] : 「ぱ」행 앞에서

いっぱい 한잔　　いっぴき 한 마리　　きっぷ 차표
ほっぺた 볼, 뺨　　すっぽり 푹(몽땅 덮는 모양)

• [ s ] : 「さ」행 앞에서

あっさり 깨끗이　　けっせき 결석　　こっそり 살짝
ざっし 잡지　　まっすぐ 똑바로　　いっさい 한 살

## 3. 발음(撥音) 「ん」

발음(撥音)은 콧소리로서 첫머리에 오는 경우는 없고 항상 다른 글자에 붙어 사용되며 반드시 모음 다음에 온다. 한국어의 받침과 비슷한 기능을 하지만 한 음절 길이를 가지며 놓인 자리에 따라 [ n ], [ m ], [ ŋ ], [ N ] 등으로 발음된다.

• [ n ] : 「さ, ざ, た, だ, な, ら」행 앞에서

おんな 여자　ぎんざ 긴자(지명)　けんさ 검사
はんたい 반대　ばんざい 만세　もんだい 문제
ほんだな 책꽂이

• [ m ] : 「ば, ぱ, ま」행 앞에서

かんぱい 건배　こんぶ 미역　さんま 꽁치
さんぽ 산책　はんばい 판매　ぶんめい 문명

• [ ŋ ] : 「か, が」행 앞에서

かんこく 한국　げんき 건강함　けんか 싸움
まんが 만화　りんご 사과　にほんご 일본어

• [ N ] : 「ん」으로 끝날 때

かばん 가방　ほん 책　ほんや 책방
ぎん 은　たくさん 많이　じかん 시간
きん 금　としょかん 도서관　もん 문

## 4. 한자(漢字)

일본어의 한자 읽기는 음독(音読)과 훈독(訓読)을 비롯하여 일본인들의 생활 속에서 만들어진 한자, 하나의 단어에서도 음과 훈을 섞어 읽어야 하는 등 실로 다양하여 공부하기에 어려운 면이 있다. 때문에 새로운 단어가 나올 때마다 하나씩 차근히 익혀 나갈 필요가 있다.

**(1) 음독(音読) : 한자의 뜻을 그대로 가지고 있으면서 소리 나는 대로 읽는 것을 말한다.**

国民(こくみん) 국민　中間(ちゅうかん) 중간　準備(じゅんび) 준비
春夏秋冬(しゅんかしゅうとう) 춘하추동　紅葉(こうよう) 단풍

**(2) 훈독(訓読) : 한자의 뜻을 새기면서 고유일본어로 읽는 것이다.**

春(はる) 봄　夏(なつ) 여름　秋(あき) 가을　冬(ふゆ) 겨울
国(くに) 나라　紅葉(もみじ) 단풍　中(なか) 중간, 가운데
草(くさ) 풀

**(3) 일본한자 : 중국에도 없는 일본 고유의 한자로 일본에서 만들어낸 한자라고 할 수 있다.**

畑(はたけ) 밭　働(はたらく) 일하다　峠(とうげ) 고개, 언덕
枠(わく) 테두리　串(くし) 꼬치, 꼬챙이　辻(つじ) 네거리

**(4) 아테지(当て字) : 한자 본래의 뜻과 상관없이 음이나 훈을 빌려서 표기한 한자이다.**

滅茶苦茶(めちゃくちゃ) 엉망진창　珈琲(コーヒー) 커피
浪漫(ろまん) 낭만　倫敦(ロンドン) 런던　倶楽部(クラブ) 클럽

**(5) 음(音)과 훈(訓)이 섞여 있는 한자**

ねだん(値段) 가격　でぐち(出口) 출구　あたまきん(頭金) 보증금
おやこ(親子) 부모와 자식　ひとで(人手) 남의 도움, 일손

잠깐

■ 일본지도

면적 : 377,944㎢ (한반도의 1.7배, 한국의 4배에 해당하며 크고 작은 6,852개의 섬으로 이루어진 섬나라이다)

1都(と) : 東京都(とうきょうと)

1道(どう) : 北海道(ほっかいどう)

2府(ふ) : 大阪府(おおさかふ) · 京都府(きょうとふ)

43県(けん)

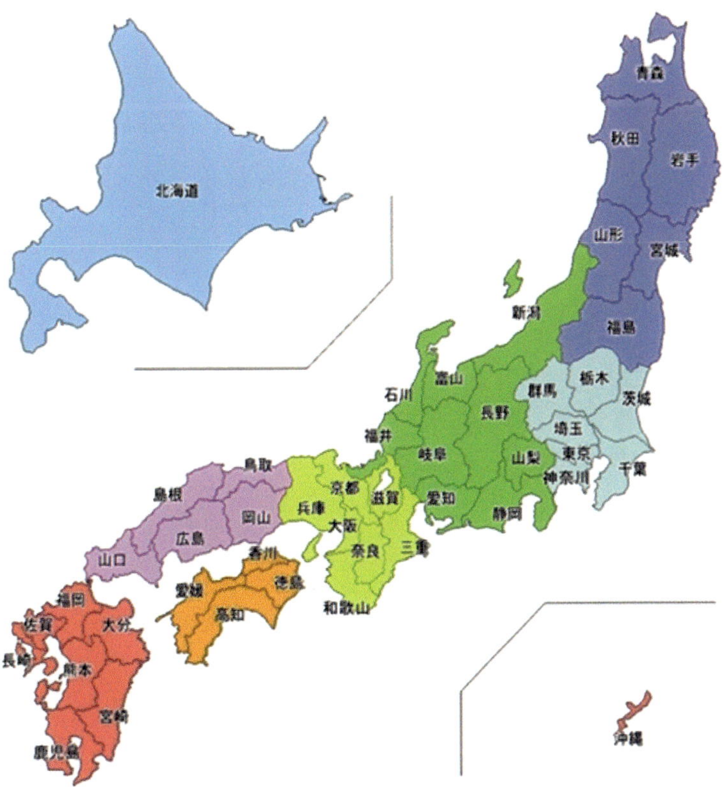

UNIT

# 04

# はじめまして。

# Unit 4 はじめまして。

## 基本文型

1. はじめまして。
2. 私(わたし)はがくせいです。
3. そうではありません。

田中(たなか)　はじめまして。私(わたし)は田中一郎(たなかいちろう)と申(もう)します。

金(キム)　はじめまして。私は金ヨンヒです。

どうぞよろしくお願(ねが)いします。

田中　こちらこそ、どうぞよろしく。

金　あの、すみませんが、あなたは会社員(かいしゃいん)ですか。

田中　はい、そうです。でも、まだは新米(しんまい)です。

金さんも会社員(かいしゃいん)ですか。

金　いいえ、そうじゃありません。私は大学(だいがく)4年生(ねんせい)です。

田中　お会(あ)いできてうれしいです。

## 単語／表現

- はじめまして 처음 뵙겠습니다.
- 私(わたし) 나, 저
- ～と申(もう)す ～라고 말하다.
- どうぞ 부디, 제발(상대방에게 뭔가를 배려할 때 쓰이는 말로 의미의 폭이 넓다)
- お願(ねが)いします 잘 부탁합니다.
- ～さん ～씨
- こちらこそ 저야말로
- 会社員(かいしゃいん) 회사원
- あなた 당신, 너
- まだは 아직은
- 新米(しんまい) 신입사원, 햅쌀
- ～ですか ～입니까?
- はい/いいえ 네/아니오
- 大学生(だいがくせい) 대학생
- そうじゃありません 그렇지 않습니다.
- 年生(ねんせい) 학년
- お会(あ)いできてうれしいです 만나서 반갑습니다.

## 文型練習

### 01 人称代名詞(にんしょうだいめいし) 인칭대명사

| 1인칭 | 2인칭 | 3인칭 | 부정칭 |
|---|---|---|---|
| 私(わたし) | あなた | 彼(かれ) | 誰(だれ) |
| 私(わたくし) | 君(きみ) | 彼女(かのじょ) | どなた |
| ぼく / おれ | | | |

### 02 ~は ~です(か) ~는 ~입니다(까)

私(わたし)は韓国人(かんこくじん)です。

王(おう)さんは中国人(ちゅうごくじん)ですか。

スミスさんはアメリカ人(じん)です。

あの、あなたは日本人(にほんじん)ですか。

### 03 ~も ~です(か) ~도 ~입니다(까)

彼も会社員(かいしゃいん)ですか。

あなたも高校生(こうこうせい)ですか。

彼女(かのじょ)も大学生(だいがくせい)ですか。

## 04 ～じゃ(では)ありません / (～じゃないです) ～가 아닙니다

わたしは日本人(にほんじん)ではありません。

良子(よしこ)ちゃんは小学生(しょうがくせい)じゃありません。

木村さんは高校生(こうこうせい)ではないです。

はい、そうです。

いいえ、そうじゃありません。

### 新しい単語

- 彼(かれ) 그, 그 남자
- 誰(だれ) 누구
- 君(きみ) 자네, 너
- どなた 어느 분
- あの 저(말을 걸 때)
- 彼女(かのじょ) 그 여자
- アメリカ人(じん) 미국인
- 会社員(かいしゃいん) 회사원
- 大学生(だいがくせい) 대학생
- 韓国人(かんこくじん) 한국인
- 中国人(ちゅうごくじん) 중국인
- 日本人(にほんじん) 일본인
- 高校生(こうこうせい) 고등학생
- 小学生(しょうがくせい) 초등학생
- ～ちゃん 친근함을 나타내는 호칭
- そうです 그렇습니다

## 연습문제

1. 다음 인사말을 일본어로 말해 봅시다.

(1) 처음 뵙겠습니다.

________________________。

(2) 저는 다나카라고 합니다.(田中)

________________________。

(3) 잘 부탁드립니다.

________________________。

(4) 저야말로, 잘 부탁드립니다.

________________________。

(5) 만나서 반갑습니다.

________________________。

## 2. 다음 질문에 해당되는 표현을 일본어로 써봅시다.

(1) A：あなたは大学生(だいがくせい)ですか。

B：はい、________________。

(그렇습니다)

(2) A：彼も会社員(かいしゃいん)ですか。

B：はい、____________________________。

(그 사람도 회사원입니다)

(3) A：あの、あなたは科学(かがく)の先生(せんせい)ですか。

B：いいえ、____________________________。

(저는 수학(数学(すうがく))선생입니다)

## 3. 다음의 회화문을 완성해 봅시다.

(1) A：王さんは中国人(ちゅうごくじん)ですか。

B：いいえ、____________________________。

韓国(かんこく)

(2) A：ルイさんはどの国(くに)の人(ひと)ですか。

B：ルイさんは＿＿＿＿＿＿＿＿＿＿＿＿＿。

フランス

(3) A：あなたはアメリカ人(じん)ですか。

B：いいえ、＿＿＿＿＿＿＿＿＿＿＿＿＿。

ドイツ

## 잠깐

### 만났을 때

- おはようございます。안녕하세요. (아침인사)
- こんにちは。안녕하세요. (점심인사)
- こんばんは。안녕하세요. (저녁인사)

### 헤어질 때

- さようなら。안녕히 가세요.
- またね。또 봐.
- じゃあね。그럼, 안녕.

### 고마울 때

- ありがとうございます。고맙습니다.
- どういたしまして。천만에요.

### 폐를 끼칠 때

- すみません。미안합니다.
- 失礼(しつれい)します。실례합니다.

### 식사할 때

- いただきます。잘 먹겠습니다.
- ごちそうさまでした。잘 먹었습니다.

### 외출할 때

- いってきます。다녀오겠습니다.
- いってらっしゃい。다녀오세요.
- ただいま。다녀왔습니다.
- おかえりなさい。다녀오셨어요?

### 자기 전에

- おやすみなさい。안녕히 주무세요.
- おやすみ。잘 자.

UNIT

# 05

# これは何(なん)ですか。

# Unit 5 これは何(なん)ですか。

쉽고 재미있는 생생 일본어

## 基本文型

1. それはボールペンです。
2. 私のケータイはあれです。
3. あなたのかばんはどれですか。

朴(パク)　　それは何(なん)ですか。

村上(むらかみ)　　これは筆箱(ふでばこ)です。

朴　　わ、かわいい！あなたのですか。

村上　　いいえ、私のじゃありません。

朴　　では、誰(だれ)の筆箱ですか。

村上　　あそこにいる友達(ともだち)のです。

朴　　そうですか。では、あちらが田中(たなか)さんですか。

村上　いいえ、林(はやし)さんです。

　　　ところで、このかばんはどなたのですか。

朴　私のです。母(はは)が買(か)ってくれました。

村上　きれいですね。

朴　ありがとうございます。

## 単語／表現

- これ 이것
- ~の ~의, ~의 것
- ケータイ 휴대폰
- 筆箱(ふでばこ) 필통
- かわいい 귀엽다
- 誰(だれ) 누구
- どれ 어느 것
- あそこ 저기
- そうですか 그렇습니까
- では 그럼
- あちら 저쪽
- いいえ 아니오
- かばん 가방
- どなた 어느 분
- 母(はは) 어머니
- 買(か)う 사다
- きれいだ 예쁘다
- 友達(ともだち) 친구
- ところで 그런데(화제 전환할 때)

# 文型練習

## 01 指示代名詞(しじだいめいし) 지시대명사

| | 근칭 | 중칭 | 원칭 | 부정칭 |
|---|---|---|---|---|
| 사물 | これ | それ | あれ | どれ |
| 장소 | ここ | そこ | あそこ | どこ |
| 방향 | こちら | そちら | あちら | どちら |
| 연체 | この | その | あの | どの |

## 02 これ · それ · あれ · どれ 이것 · 그것 · 저것 · 어느 것

これは私のハンカチです。

それは田中(たなか)さんの傘(かさ)です。

あれは筆箱(ふでばこ)ではありません。

どれがあなたの本(ほん)ですか。

## 03 ~名詞(めいし) + の + 名詞(めいし) 명사 + の + 명사

これは私のケータイです。

それは橋下(はしした)さんのノートです。

私は日本語(にほんご)の先生(せんせい)です。

あの方(かた)は英語(えいご)の先生(せんせい)です。

## 04 ~の (所有(しょゆう)の意味(いみ)) ~의(소유를 의미)

このテキストはだれのですか。

その帽子(ぼうし)は村田(むらた)さんのです。

あの時計(とけい)はどなたのですか。

それは雅子(まさこ)さんのです。

## 팁

「の」의 경우, 명사와 명사 사이에 있는 「の」는 해석하지 않아도 되며, 조사에서는 '~의'로, 소유격에서는 '~의 것'으로 해석된다. 그리고 동격일 때는 '~인'으로 해석된다.

例(れい)) 1. 日本語の本です。
2. これは木村さんの手帳(てちょう)です。
3. あれは私(わたし)のです。
4. 英語(えいご)の先生(せんせい)の野原(のはら)です。

### 新しい単語

- 傘(かさ) 우산
- ケータイ 휴대폰
- ノート 공책
- テキスト 교과서
- 先生(せんせい) 선생님
- 英語(えいご) 영어
- 意味(いみ) 의미
- 時計(とけい) 시계
- アクセサリー 액세서리
- 人(ひと) 사람
- 筆箱(ふでばこ) 필통
- 本(ほん) 책
- ハンカチ 손수건
- 日本語(にほんご) 일본어
- あの方(かた) 저분
- 所有(しょゆう) 소유
- 帽子(ぼうし) 모자
- デザイナー 디자이너
- 本物(ほんもの) 진짜, 정말
- 友達(ともだち) 친구

## 연습문제

1. ______ 에 적당한 말을 써봅시다.

(1) A：これはなんですか。
B：それは＿＿＿＿＿＿＿です。

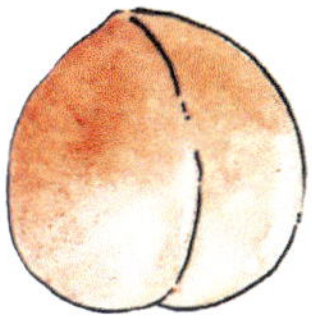

(2) A：あれはなんですか。
B：あれは＿＿＿＿＿＿＿です。

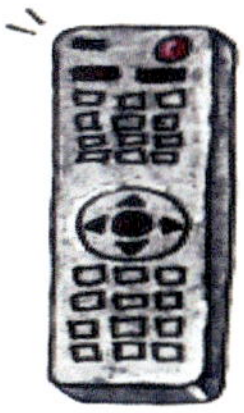

(3) A：それはなんですか。
B：これは＿＿＿＿＿＿＿です。

(4) A：あれはなんですか。
B：あれは＿＿＿＿＿＿＿です。

**2. 대화에 맞는 적당한 말을 ______ 에 써봅시다.**

(1) A：これはだれの帽子(ぼうし)ですか。

B：それは______の______です。(金(キム)さん)

(2) A：それはだれの傘(かさ)ですか。

B：それは、______の______です。(川口(かわぐち))

(3) A：あれはだれのかばんですか。

B：あれは、______の______です。(森村(もりむら))

## 3. 다음 대화문을 완성해 봅시다.

(1) A：あなたの本(ほん)はどれですか。

B：どれか＿＿＿＿＿＿＿＿＿＿＿＿。

(2) A：これが木村さんのノートですか。

B：はい、＿＿＿＿＿＿＿＿＿＿＿＿。

(3) A：あそこの手帳(てちょう)は鈴木(すずき)さんのですか。

B：あれは、＿＿＿＿＿＿＿＿＿＿＿＿。

(4) A： それはあなたのですか。

B：はい、＿＿＿＿＿＿＿＿＿＿＿＿。

## 잠깐

♠ 교실에서 자주 사용하는 일본어 표현

- 授業(じゅぎょう)を始(はじ)めます。
  수업을 시작하겠습니다.
- 本(ほん)を開(あ)けてください。
  책을 펴주세요.

- よく聞(き)いてください。
  잘 들어주세요.
- 読(よ)んでみてください。
  읽어보세요.
- 静(しず)かにしてください。 조용히 하세요.
- 座(すわ)ってください。 앉아주세요.
- お疲(つか)れ様(さま)でした。 수고했습니다.
- ご苦労(くろう)様でした。 고생했습니다.

- もう一度(いちど)話(はな)してください。
  다시 한 번 말해 주세요.
- はい、分(わ)かります。
  네, 알겠습니다.
- いいえ、よく分かりません。
  아니오, 잘 모르겠습니다.
- 質問(しつもん)があります。
  질문이 있습니다.

# UNIT 06

# ご家族(かぞく)は何人(なんにん)ですか。

# Unit 6 ご家族(かぞく)は何人(なんにん)ですか。

## 基本文型

1. ご家族(かぞく)は何人(なんにん)ですか。
2. 私を入(い)れて5人(ごにん)です。
3. これが家族の写真(しゃしん)です。

金(キム)ユナ　山本さんのご家族(かぞく)は何人(なんにん)ですか。

山本(やまもと)　うちは4人(にん)家族です。両親(りょうしん)と弟(おとうと)がいますが、弟(おとうと)はアメリカにいます。

金ユナ　あ、アメリカですか。

山本　ユナさんのご家族は？

金ユナ　私を入(い)れて5人ですが、二人(ふたり)の兄(あに)がいます。

山本　へえ～、ユナさんは末(すえ)っ子(こ)で、私は長男(ちょうなん)ですね。

金ユナ　ですよね。一番上(いちばんうえ)の兄(あに)は公務員(こうむいん)です。

これは家族の写真(しゃしん)です。どうぞ。

山本　きれいに映っていますね。

　　　ユナさんはお母さんそっくりですね。

金ユナ　ええ、私は母に似ています。

## 単語／表現

- ご家族 가족
- 何人 몇 명
- 入れる 넣다
- 写真 사진
- うちは 우리는
- 両親 부모님
- 弟 남동생
- アメリカ 미국
- 二人 두 명
- 兄 형
- 末っ子 막내
- 長男 장남
- 一番上の 가장 위의
- 公務員 공무원
- 写真 사진
- どうぞ 자, 보세요
- きれいに 예쁘게
- 映る 찍히다
- お母さん 어머니
- 似る 닮다
- 母 엄마
- そっくり 전부, 몽땅, 꼭 빼닮다

## 文型練習

### 01 何人 몇 명

あなたは何人兄弟ですか。

私と妹がいます。

私は一人息子です。

ご両親はどこにいますか。

### 02 名詞+で 명사 + 로

私は大学生で、兄は会社員です。

姉は社会人で、私と妹は学生です。

父は英語の先生で、母はドイツ語の先生です。

### 03 5. 名詞+なんです(理由、説明などを強調する時) 명사 + 입니다(이유, 설명 등을 강조할 때)

私の彼女はデザイナーなんです。

このアクセサリーは本物なんです。

あそこの人は私の友達なんです。

木村さんからもらったプレゼントなんです。

## 新しい単語

- 何人(なんにん) 몇 명
- 一人息子(ひとりむすこ) 외동아들
- 大学生(だいがくせい) 대학생
- 社会人(しゃかいじん) 사회인
- 学生(がくせい) 학생
- 英語(えいご) 영어
- ドイツ語 독일어
- デザイナー 디자이너
- 本物(ほんもの) 진짜
- 友達(ともだち) 친구
- プレゼント 선물
- 兄弟(きょうだい) 형제
- ご両親(りょうしん) 부모님
- 会社員(かいしゃいん) 회사원
- 妹(いもうと) 여동생
- 父(ちち) 아버지
- 先生(せんせい) 선생님
- 彼女(かのじょ) 여자친구
- アクセサリー 액세서리
- 人(ひと) 사람
- もらう 받다

## 팁

「なん」은 구어체에서 주로 사용되며 친근한 사이에서 자랑하거나 강조하고자 할 때는 효과적일 수 있지만, 관계나 장면이 다를 경우 내 주장이나 생각을 강하게 밀어붙이는 인상을 주기 때문에 주의할 필요가 있다.

例(れい)) 1. あは～、そうなんですか。

2. うちの子(こ)はもう小学生(しょうがくせい)なんですよ。

3. 使(つか)い方(かた)はこういうことなんですよ。

## 연습문제

### 1. 다음 대화문을 완성해 봅시다.

(1) A：あの女(おんな)の子(こ)はだれですか。

B：あの子は＿＿＿＿＿＿＿＿＿＿。

(제 여동생입니다)

(2) A：ご家族(かぞく)は何人(なんにん)ですか。

B：私の＿＿＿＿＿＿＿＿＿＿です。

(제 가족은 3명입니다)

(3) A：あなたは長女(ちょうじょ)ですか。

B：いいえ、＿＿＿＿＿＿＿＿＿＿です。

(아니오, 저는 막내딸입니다)

### 2. 보기와 같이 문장을 만들어봅시다.

| 23歳(さい)、大学生 ⇨ 私は23歳で、大学生です。 |
|---|

(1) 3人兄弟(にんきょうだい)、末(すえ)っ子(こ) ⇨ ＿＿＿＿＿＿＿＿＿＿。

(2) 姉(あね)は先生、妹(いもうと)は学生(がくせい) ⇨ ＿＿＿＿＿＿＿＿＿＿。

(3) 明日(あした)は雨(あめ)、休(やす)む ⇨ ＿＿＿＿＿＿＿＿＿＿。

### 3. 다음 단어를 사용하여 대화를 완성해 봅시다.

(1) A：お兄(にい)さんは元気(げんき)ですね。

B：兄(にい)さんは______________　なんです。

(트레이너)

(2) A：一人息子(ひとりむすこ)なんですか。

B：いいえ、__________________。

(차남)

(3) A：お二人(ふたり)、なかなか似(に)ていますね。

B：私たちは____________なんです。

(쌍둥이)

## 잠깐

### ♠ 家族関係(かぞくかんけい) 가족관계

| | 나의 가족 | 상대방 가족 |
|---|---|---|
| 할아버지 | 祖父(そふ) | おじいさん |
| 할머니 | 祖母(そぼ) | おばあさん |
| 아버지 | 父(ちち) | お父(とう)さん |
| 어머니 | 母(はは) | お母(かあ)さん |
| 형, 오빠 | 兄(あに) | お兄(にい)さん |
| 언니, 누나 | 姉(あね) | お姉(ねえ)さん |
| 남동생 | 弟(おとうと) | 弟(おとうと)さん |
| 여동생 | 妹(いもうと) | 妹(いもうと)さん |
| 남편 | 夫(おっと)／主人(しゅじん) | ご主人(しゅじん) |
| 아내 | 妻(つま)／家内(かない) | 奥(おく)さん |
| 아들 | 息子(むすこ) | 息子(むすこ)さん |
| 딸 | 娘(むすめ) | 娘(むすめ)さん |
| 고모, 숙모 | 叔母(おば) | 叔母(おば)さん |
| 삼촌, 아저씨 | 叔父(おじ) | 叔父(おじ)さん |
| 시아버지 | 舅(しゅうと) | |
| 시어머니 | 姑(しゅうとめ) | |

UNIT

# 07

した　　ねこ

## テーブルの下に猫がいます。

# Unit 7 テーブルの下に猫がいます。

쉽고 재미있는 생생 일본어

## 基本文型

1. 会議の資料はどこにありますか。
2. 白い建物の隣です。
3. テーブルの下に猫がいます。

橋上　ミギョンさん、会議の資料はどこにありますか。

ミギョン　机の上にありませんか。

橋上　確かに机の上ですか？

ミギョン　そこにありませんか…。

あ！さっき、机の引き出しの中に入れておきました。

すみません。どうぞ。

橋上　　ありがとうございます。

　　　　ところで、ミギョンさん。郵便局(ゆうびんきょく)はどこですか。

ミギョン　あそこに見える白(しろ)いビルの後(うし)ろにあります。

橋上　　では、この書類(しょるい)を送(おく)ってきます。

ミギョン　はい、いってらっしゃい。

## 単語／表現

- 会議(かいぎ) 회의
- 資料(しりょう) 자료
- 白(しろ)い 희다
- 建物(たてもの) 건물
- 隣(となり) 옆
- テーブル 테이블
- 下(した) 아래
- 猫(ねこ) 고양이
- 確(たし)かに 확실히
- 机(つくえ) 책상
- 引(ひ)き出(だ)し 서랍
- ～中(なか)に ～ 안에, 속에
- 入(い)れておく 넣어두다
- 郵便局(ゆうびんきょく) 우체국
- 見(み)える 보이다
- 白(しろ)い 희다
- ビル 건물
- 後(うし)ろ 뒤
- 送(おく)る 부치다, 보내다
- いってらっしゃい 다녀오세요

# 文型練習

## 01 ~上(うえ)に / ~下(した)に ~위에 ~밑에

その本(ほん)を机の上に置(お)きました。

テーブルの下にプレゼントがあります。

椅子(いす)の上にも下にも猫(ねこ)がいます。

## 02 ~中(なか)に / ~外(そと)に ~안에 ~밖에

箱(はこ)の中に猫がいます。

ごみ箱(ばこ)は外にあります。

靴(くつ)は箱の中にも外にもあります。

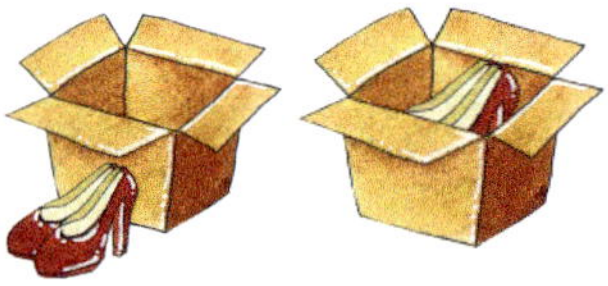

## 03 右(みぎ) / 間(あいだ) / 左(ひだり) 오른쪽 / 사이 / 왼쪽

ベットの右に雑誌(ざっし)があります。

左から2行目(ぎょうめ)です。

椅子(いす)は猫と犬(いぬ)の間にあります。

## 04 横(よこ) / 隣(となり) / そば 옆 / 이웃 / 옆

ベットの横にスタンドがあります。

病院(びょういん)の隣(となり)に薬屋(くすりや)があります。

小学校(しょうがっこう)のそばだと思(おも)います。

### 新しい単語

- 本(ほん) 책
- 本屋(ほんや) 책방
- 置(お)く 두다
- プレゼント 선물
- 椅子(いす) 의자
- 猫(ねこ) 고양이
- 箱(はこ) 상자
- ごみ箱(ばこ) 쓰레기통
- 外(そと) 밖
- 靴(くつ) 구두
- ベット 침대
- 雑誌(ざっし) 잡지
- 左(ひだり) 왼쪽
- 2行目(ぎょうめ) 두 번째 행
- スーパー 슈퍼
- スタンド 스탠드
- レストラン 레스토랑
- 小学校(しょうがっこう) 초등학교
- 病院(びょういん) 병원
- 薬屋(くすりや) 약국
- ～だと思(おも)う ～라고 생각하다

## 연습문제

**1. 다음 그림을 보고 문장을 완성해 봅시다.**

(1) ノートの（　　　　　　　　）があります。

(2) 机の（　　　　　　　　）がいます。

(3) 猫(ねこ)は箱(はこ)の（　　　　　　　　）にいます。

(4) 郵便局(ゆうびんきょく)の（　　　　　）に薬局(やっきょく)があります。

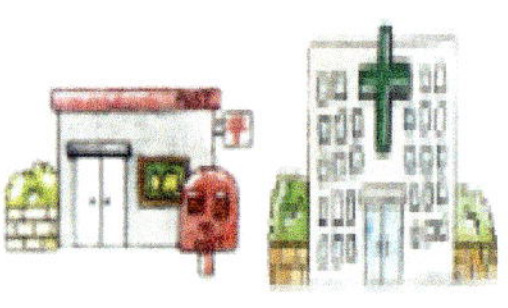

## 2. 다음 질문에 대한 답을 일본어로 써봅시다.

(1) 新聞はとこにありますか。

________________________________________。

(2) 人形はどこにありますか。

________________________________________。

(3) かばんはとこにありますか。

________________________________________。

(4) 林さんは今、どこにいますか。

________________________________________。

(5) 病院の隣の建物は何ですか。

市役所

________________________________________。

### 3. 다음 그림을 보고 방향을 일본어로 써봅시다.

(1)

(　　　)　(　　　)

(2)

(　　　)

(3)

(　　　)

## 잠깐

「横(よこ)」, 「そば」, 「隣(となり)」는 우리말로 모두 '옆'으로 해석되기 때문에 사용할 때 혼동되는 경우가 더러 있다. 비슷한 뜻으로 쓰이기도 하지만 구별해서 사용하는 방법을 알아보자.

**1. 「横(よこ)」는 위치관계를 나타내는 말로, 좌우 어느 한쪽이 부속되는 느낌을 주며 서로 다른 사물인 경우가 많다.**

- 女(おんな)の人(ひと)の横に公衆電話(こうしゅうでんわ)があります。
- 椅子(いす)の横にゴミ箱(ばこ)があります。

**2. 「そば」는 기준점에서 근접한 위치, 주로 전후 사방을 가리키는 말이며, 친근함을 나타내거나 가깝게 옆, 곁에 있음을 뜻할 때도 쓴다.**

- いつも私のそばにいてくれませんか。
- 彼(かれ)のそばにいる女(おん)の人(ひと)は誰(だれ)ですか。

**3. 「隣(となり)」는 가까운 거리에 이웃하고 있거나 바로 옆자리라는 뜻을 가지고 있다. 그리고 하나의 개체로 독립되어 대등한 관계를 나타낼 때 쓰인다.**

- 鈴木(すずき)さんの隣に山田(やまだ)さんがいます。
- 会社(かいしゃ)の隣に病院(びょういん)があります。

UNIT 08

# 今(いま)、何時(なんじ)ですか。

# Unit 8 今(いま)、何時(なんじ)ですか。

쉽고 재미있는 생생 일본어

## 基本文型

1. 今(いま)、何時(なんじ)ですか。
2. 学校(がっこう)は9時(じ)から午後(ごご)2時半(はん)までです。
3. テストは午前(ごぜん)10時からですか。

森村(もりむら)　韓(ハン)さん、今(いま)、何時(なんじ)ですか。

韓　いま10時(じ)10分(ぷん)ですね。

森村　韓国(かんこく)の銀行(ぎんこう)は何時(なんじ)からですか。

韓　銀行ですか。9時30分(ぷん)からです。

森村　何時までですか。

韓　午後(ごご)4時半(じはん)までですが、明日(あした)は休(やす)みですよ。

森村　え？　どうしてですか。

韓　あしたは「ハングルの日(ひ)」です。

森村　あ、祝日(しゅくじつ)ですね。では、イベントでもありますか。

韓　はい、光化門広場(クァンファムンひろば)の世宗大王(セジョンだいおう)の銅像前(どうぞうまえ)で

いろんな行事(ぎょうじ)が行(おこな)われます。

森村　そうですか。行きたいですね。

韓　あした、一緒(いっしょ)に行きましょう。

한글날

ㄱㄴㄷㄹㅁㅂ

## 単語／表現

- 今(いま) 지금
- 学校(がっこう) 학교
- 銀行(ぎんこう) 은행
- 明日(あした) 내일
- ハングルの日(ひ) 한글날
- 広場(ひろば) 광장
- ～前(まえ)で ～앞에서
- イベント 이벤트
- 行(おこな)う 행하다, 시행하다
- 行きたい 가고 싶다
- 何時(なんじ) 몇 시
- 韓国(かんこく) 한국
- 分(ふん) 분
- 休(やす)み 휴일, 쉼
- 祝日(しゅくじつ) 경축일
- 銅像(どうぞう) 동상
- いろんな 여러 가지
- 行事(ぎょうじ) 행사
- 午後(ごご) 오후
- ～ましょう ～ㅂ시다
- ～から～まで ～부터 ～까지
- どうしてですか 어째서 입니까?(왜 그렇지요?)

# 文型練習

## 01 숫자 읽기

| 1 | 2 | 3 | 4 | 5 |
|---|---|---|---|---|
| いち | に | さん | し · よん · よ | ご |
| 6 | 7 | 8 | 9 | 10 |
| ろく | しち · なな | はち | きゅう · く | じゅう |

## 02 시간 읽기

1) 시(時) 읽기

| 1時 | 2時 | 3時 | 4時 | 5時 | 6時 |
|---|---|---|---|---|---|
| いちじ | にじ | さんじ | よじ | ごじ | ろくじ |
| 7時 | 8時 | 9時 | 10時 | 11時 | 12時 |
| しちじ | はちじ | くじ | じゅうじ | じゅういちじ | じゅうにじ |
| 何時(なんじ) 몇 시 / ちょうど 정각 | | | | | |

2) 分を読む 분 읽기

| 1分 | 2分 | 3分 | 4分 | 5分 | 6分 |
|---|---|---|---|---|---|
| いっぷん | にふん | さんぷん | よんぷん | ごふん | ろっぷん |
| 7分 | 8分 | 9分 | 10分 | 20分 | 30分 |
| ななふん | はっぷん | きゅうふん | じゅっぷん<br>じっぷん | にじゅっぷん<br>にじっぷん | さんじゅっぷん |
| 40分 | 50分 | 1時間 | 半 | 午前 | 午後 |
| よんじゅっぷん | ごじゅっぷん | いちじかん | はん | ごぜん | ごご |
| 何分(なんぷん) 몇 분 | | | | | |

## 03 ~から ~まで ~부터 ~까지

ソウルから大邱までKTXで2時間かかります。

テストは午前9時半から午後1時までです。 09:30~13:00

授業は9時半から11時まで休講です。

## 04 ~から ~부터

講義は2時から始まりました。

日本から友達が来ます。

郵便局は 9 時半からです。

## 05 ～まで ～까지

今日は9時半まで残業(ざんぎょう)です。

コンビニまで一緒(いっしょ)に行きましょう。

卒業(そつぎょう)するまではたいへんです。

### 新しい単語

- ソウル 서울
- KTX(ケーティーエックス) 케이티엑스
- 授業(じゅぎょう) 수업
- 講義(こうぎ) 강의
- 友達(ともだち) 친구
- 日本(にほん) 일본
- 午後(ごご) 오후
- 残業(ざんぎょう) 잔업
- 卒業(そつぎょう) 졸업
- テスト 테스트
- かかる 걸리다
- 休講(きゅうこう) 휴강
- 始(はじ)まり 시작
- 来(き)ます 옵니다
- 午前(ごぜん) 오전
- 郵便局(ゆうびんきょく) 우체국
- コンビニ 편의점
- たいへんだ 힘들다

## 연습문제

**1. 그림을 보고 시간을 히라가나로 써 넣어봅시다.**

(1) A： 今(いま)、何時(なんじ)ですか。

B：今は＿＿＿＿＿＿＿＿＿＿です。

(2) A：会議(かいぎ)は何時からですか。

B：午前(ごぜん)＿＿＿＿＿＿＿＿＿＿からです。

(3) A：日本語(にほんご)の授業(じゅぎょう)は何時までですか。

B：日本語の授業は＿＿＿＿＿＿＿＿です。

2. 다음 시간을 히라가나로 써봅시다.

(1) A：今(いま)、何時何分(なんぷん)ですか。

B：今は____________________です。

11:35

(2) A：テストは何時から何時までですか。

B：テストは____________________です。

09:30~13:00

(3) A：お昼(ひる)は何時から何時までですか。

B：お昼は____________________です。

12:00~13:00

## ♠ 日本の祝日

| | |
|---|---|
| 1月1日 | お正月(설날, 元日、元旦이라고도 함) |
| 1月第 2月曜日 | 成人の日(성인의 날) |
| 2月11日 | 建国記念の日(건국기념일) |
| 3月21日頃 | 春分の日(춘분) |
| 4月29日 | 昭和の日(쇼와의 날) |
| 5月3日 | 憲法記念日(헌법기념일) |
| 5月4日 | みどりの日(녹색의 날) |
| 5月5日 | 子供の日(어린이날) |
| 7月第3月曜日 | 海の日(바다의 날) |
| 8月11日 | 山の日(산의 날) |
| 9月第3月曜日 | 敬老の日(경로의 날) |
| 9月23日頃 | 秋分の日(추분) |
| 10月第2月曜日 | 体育の日(체육의 날) |
| 11月3日 | 文化の日(문화의 날) |
| 11月23日 | 勤労感謝の日(근로감사의 날) |
| 12月23日 | 天皇の誕生日(천황탄생일) |

UNIT 09

# 今日(きょう)は何曜日(なんようび)ですか。

# Unit 9 今日は何曜日ですか。

## 基本文型

1. あなたの誕生日はいつですか。
2. 明日は祝日です。
3. 学校は休みです。

井上　あなたの誕生日はいつですか。

スニ　私ですか。10月5日です。

井上　あ、そうですか。秋ですね。

スニ　井上さんはいつですか。

井上　私の誕生日は日本の「文化の日」である 11月3日です。

スニ　わ～、祝日なんですね。では、何年生まれですか。

井上　すみませんが、何歳だと思いますか。

スニ　そうですね。よくわかりませんが。

井上　1985年(ねん)生まれです。

スニ　あら、私より一歳年上(いっさいとしうえ)ですね。本当(ほんとう)に若(わか)く見(み)えますよ。

井上　私たち、同(おな)じ年(とし)だと思(おも)いました。

## 単語／表現

- 誕生日(たんじょうび) 생일
- いつ 언제
- 祝日(しゅくじつ) 경축일
- 学校(がっこう) 학교
- 秋(あき) 가을
- 文化(ぶんか)の日(ひ) 문화의 날
- ～である ～인
- 何年(なんねん) 몇 년
- 生(う)まれ 탄생, 출생
- 何歳(なんさい) 몇 살
- 思(おも)い 생각
- ～より ～보다
- よくわかりませんが 잘 모르겠습니다만
- 一歳(いっさい) 한 살
- 年上(としうえ) 연상
- 本当(ほんとう) 정말
- 同(おな)じ年(とし) 동갑
- 私(わたし)たち 우리들
- 若(わか)く見(み)える 젊게 보이다
- 思(おも)い 생각

# 文型練習

## 01 曜日(ようび) 요일

| 月曜日 | 火曜日 | 水曜日 | 木曜日 |
|---|---|---|---|
| げつようび | かようび | すいようび | もくようび |
| 金曜日 | 土曜日 | 日曜日 | 何曜日 |
| きんようび | どようび | にちようび | なんようび |

## 02 年(ねん) 연

| 1年 | 2年 | 3年 | 4年 | 5年 |
|---|---|---|---|---|
| いちねん | にねん | さんねん | よねん | ごねん |
| 6年 | 7年 | 8年 | 9年 | 10年 |
| ろくねん | しちねん | はちねん | くねん | じゅうねん |
| 何年(なんねん) 몇 년 | | | | |

## 03 月(がつ) 월

| 1月 | 2月 | 3月 | 4月 | 5月 | 6月 |
|---|---|---|---|---|---|
| いちがつ | にがつ | さんがつ | しがつ | ごがつ | ろくがつ |
| 7月 | 8月 | 9月 | 10月 | 11月 | 12月 |
| しちがつ | はちがつ | くがつ | じゅうがつ | じゅういちがつ | じゅうにがつ |
| 何月(なんがつ) 몇 월 | | | | | |

## 04 日(にち) 일

| 月 | 火 | 水 | 木 | 金 | 土 | 日 |
|---|---|---|---|---|---|---|
| | 1日<br>ついたち | 2日<br>ふつか | 3日<br>みっか | 4日<br>よっか | 5日<br>いつか | 6日<br>むいか |
| 7日<br>なのか | 8日<br>ようか | 9日<br>ここのか | 10日<br>とおか | 11日<br>じゅう<br>いちにち | 12日<br>じゅう<br>ににち | 13日<br>じゅう<br>さんにち |
| 14日<br>じゅう<br>よっか | 15日<br>じゅう<br>ごにち | 16日<br>じゅう<br>ろくにち | 17日<br>じゅう<br>しちにち | 18日<br>じゅう<br>はちにち | 19日<br>じゅう<br>くにち | 20日<br>はつか |
| 21日<br>にじゅう<br>いちにち | 22日<br>にじゅう<br>ににち | 23日<br>にじゅう<br>さんにち | 24日<br>にじゅう<br>よっか | 25日<br>にじゅう<br>ごにち | 26日<br>にじゅう<br>ろくにち | 27日<br>にじゅう<br>しちにち |
| 28日<br>にじゅう<br>はちにち | 29日<br>にじゅう<br>くにち | 30日<br>さんじゅう<br>にち | 31日<br>さんじゅう<br>いちにち | 何日(なんにち) 며칠 | | |

## 05 時制表現(じせいひょうげん) 시제 표현

| おととい | 昨日<br>きのう | 今日<br>きょう | 明日<br>あした | あさって |
|---|---|---|---|---|
| 先々週<br>せんせんしゅう | 先週<br>せんしゅう | 今週<br>こんしゅう | 来週<br>らいしゅう | 再来週<br>さらいしゅう |
| 先々月<br>せんせんげつ | 先月<br>せんげつ | 今月<br>こんげつ | 来月<br>らいげつ | 再来月<br>さらいげつ |
| おととし | 去年 / 昨年<br>きょねん/さくねん | 今年<br>ことし | 来年<br>らいねん | 再来年<br>さらいねん |

## 06 いつ 언제

韓国(かんこく)の「子供(こども)の日(ひ)」はいつですか。

ゴ-ルデンウイ-クはいつからいつまでですか。

来年(らいねん)はいつか分(わ)かりません。

5 May

| SUN | MON | TUE | WED | THU | FRI | SAT |
|---|---|---|---|---|---|---|
| 1 | 2 | 3 | 4 | 5 | 6 | 7 |
| 8 | 9 | 10 | 11 | 12 | 13 | 14 |
| 15 | 6 | 17 | 18 | 19 | 20 | 21 |
| 22 | 23 | 24 | 25 | 26 | 27 | 28 |
| 29 | 30 | 31 | | | | |

## 07 第(だい) 2木曜日(もくようび) 두 번째 목요일

第(だい)2水曜日(すいようび)は学会(がっかい)です。

約束(やくそく)の日(ひ)は第3金曜日(きんようび)、午後(ごご)6時です。

今度(こんど)の月曜日(げつようび)は振替休日(ふりかえきゅうじつ)です。

## 新しい単語

- 韓国(かんこく) 한국
- 来年(らいねん) 내년
- 学会(がっかい) 학회
- 約束(やくそく) 약속
- 振替休日(ふりかえきゅうじつ) 대체휴일
- ゴールデンウィーク 황금연휴
- 第2水曜日(だい すいようび) 두 번째 수요일
- 子供の日(こどもの ひ) 어린이날
- いつか 언제인지
- 今度(こんど) 이번
- 午後(ごご) 오후

## 연습문제

1. ______에 들어갈 말을 히라가나로 써봅시다.

(1) A：スジンさんの誕生日(たんじょうび)はいつですか。

B：私の________________です。

12月4日

月曜日~金曜日

(2) A：いつからいつまでテストですか。

B：テストは__________から_________です。

(3) A：あなたは何年生(なんねんう)まれですか。

B：________________生まれです。

1998年

2. 다음 질문에 답해 봅시다.

(1) A：夏休みはいつからですか。

B：＿＿＿＿＿＿＿＿＿＿です。

7月28日

(2) A：「体育の日」は休みですか。

B： ええ、＿＿＿＿＿＿＿＿＿です。

(3) A： 留学したのはいつでしたか。

B：それが＿＿＿＿＿＿＿＿でした。

春 夏 秋 冬

(4) A：出張は何日間ですか。

B：＿＿＿＿＿＿＿＿＿＿＿＿＿。

5月10日~5月12日

### 3. 다음 달력을 보고 질문에 일본어로 답하시오.

(1) 第2月曜日は休みですか。

______________________________。

**2月**

| 日 | 月 | 火 | 水 | 木 | 金 | 土 |
|---|---|---|---|---|---|---|
| | | | | 1 | 2 | 3 |
| 4 | 5 | 6 | 7 | 8 | 9 | 10 |
| 11 | 12 | 13 | 14 | 15 | 16 | 17 |
| 18 | 19 | 20 | 21 | 22 | 23 | 24 |
| 25 | 26 | 27 | 28 | | | |

(2) 第3土曜日は何日ですか。

______________________________。

(3) 21日は何曜日ですか。

______________________________。

## 잠깐

### ♠ 野菜(やさい)

ピーマン

にんじん

なすび

たまねぎ

きゅうり

はくさい

れんこん

ブロッコリー

シイタケ

UNIT

# 10

## これはいくらですか。

# Unit 10 これはいくらですか。

쉽고 재미있는 생생 일본어

## 基本文型

1. このカメラはいくらですか。
2. これはいかがですか。
3. これにします。

店員(てんいん)　いらっしゃいませ。

　　今日のお勧(すす)めはブルーベリーケーキセットですが。

山田(やまだ)　これはおいくらですか。

店員　1250円(えん)です。

山田　ちょっと高(たか)いですね。

店員　お客様(きゃくさま)、こちらのはいかがですか。

　　一番人気(いちばんにんき)のコーヒーとチーズケーキがセットです。

　　値段(ねだん)も850円(えん)で安(やす)いです。

山田　じゃ、これにします。

　　　そして、コーヒーはショット追加(ついか)にしてください。

店員　はい、分(わ)かりました。ショット追加して900円になります。

山田　1000円札(さつ)です。

店員　はい、1000円お預(あず)かりいたしました。

　　　こちら100円のおつりとレシートです。ありがとうございます。

## 単語／表現

- 店員(てんいん) 점원
- いくら 얼마
- お客様(きゃくさま) 손님, 고객님
- 人気(にんき) 인기
- 値段(ねだん) 가격
- ショット追加(ついか) 샷 추가
- 預(あず)かる 맡다, 보관하다
- レシート 영수증
- いかがですか 어떻습니까
- いらっしゃいませ 어서 오세요
- カメラ 카메라
- ちょっと 좀, 잠깐
- 一番(いちばん) 가장, 최고
- 高(たか)い 비싸다
- 安(やす)い 싸다
- こちら 이쪽
- お釣(つり) 거스름돈
- 札(さつ) 지폐
- 分(わ)かる 알다, 이해하다
- 勧(すす)め 추천, 권함
- ブルーベリーケーキセット 블루베리케이크세트
- チーズケーキセット 치즈케이크세트
- これにします 이것으로 하겠습니다

## 文型練習

### 01 数詞(すうし)を読(よ)む 수사 읽기

一(ひと)つ

二(ふた)つ

三(みっ)つ

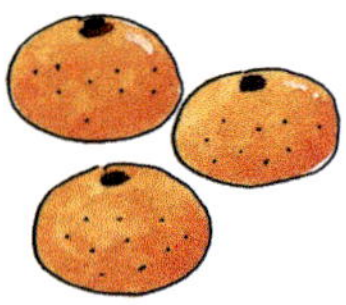

四(よっ)つ

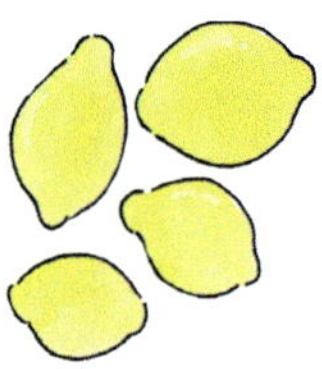

五(いつ)つ

六(むっ)つ

七(なな)つ

八(やっ)つ

九(ここの)つ

十(とお)

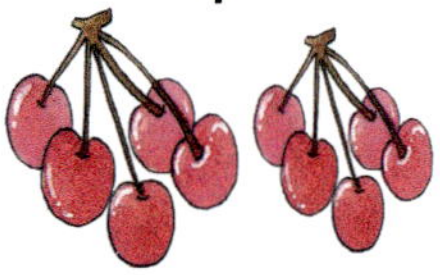

いくつ

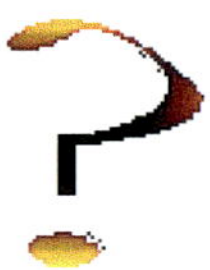

## 02 数字(すうじ)を読(よ)む 숫자 읽기

| | | | | | |
|---|---|---|---|---|---|
| 百(ひゃく) | 100 | 200 | 300 | 400 | 500 |
| | ひゃく | にひゃく | さんびゃく | よんひゃく | ごひゃく |
| | 600 | 700 | 800 | 900 | |
| | ろっぴゃく | ななひゃく | はっぴゃく | きゅうひゃく | |
| 千(せん) | 1000 | 2000 | 3000 | 4000 | 5000 |
| | せん | にせん | さんぜん | よんせん | ごせん |
| | 6000 | 7000 | 8000 | 9000 | |
| | ろくせん | ななせん | はっせん | きゅうせん | |
| 万(まん) | 10,000 | 20,000 | 30,000 | 40,000 | 50,000 |
| | いちまん | にまん | さんまん | よんまん | ごまん |
| | 60,000 | 70,000 | 80,000 | 90,000 | 100,000 |
| | ろくまん | ななまん | はちまん | きゅうまん | じゅうまん |

## 03 注文(ちゅうもん)する 주문하기

うどん大盛一(おおもりひと)つ、お願(ねが)いします。

えびバーガーとコーラをください。

イタリアン風(ふう)のパスターにします。

デザートはコーヒー二(ふた)つでいいです。

## 04 物を買う 물건 사기

あそこの赤いセーターはおいくらですか。

梨二つとみかん三つください。

このシャープ二本はいくらですか。

## 05 ～人前 ～인분

親子丼一人前お願いします。

カレーライス二人前ください。

豚カツとエビフライをお願いします

## 06 勘定する 계산하기

ケータイのストラップとケース、合わせて13,654円です。

ギョーザ三つと串焼き二つ、全部で1,350円です。

このシャツは20%オフです。

安くしてください。

## 新しい単語

- 注文(ちゅうもん) 주문
- うどん 우동
- 大盛(おおもり) 곱빼기
- えびバーガー 새우햄버거
- コーラ 콜라
- イタリアン風(ふう) 이탈리안식
- パスター 파스타
- デザート 디저트
- 物(もの)を買(か)う 물건 사기
- セーター 스웨터
- 梨(なし) 배
- みかん 귤
- シャープ 샤프(シャープペンシル의 줄임말)
- 親子丼(おやこどん) 닭고기와 달걀이 들어가는 덮밥
- カレーライス 카레라이스
- 豚(とん)カツ 돈가스
- エビフライ 새우튀김
- 勘定(かんじょう) 계산
- ケータイ 휴대폰
- ストラップ 끈, 휴대폰 줄
- ケース 케이스, 상자
- 合(あ)わせて 합쳐서
- ギョーザ 만두
- 串焼(くしや)き 꼬치구이
- 全部(ぜんぶ) 전부
- シャツ 셔츠
- 安(やす)くする 싸게 하다
- オフ 오프(シーズンオフ의 줄임말)

## 연습문제

### 1. 보기와 같이 히라가나로 써봅시다.

| | |
|---|---|
| お好(この)み焼(や)き | A：お好(この)み焼(や)きはいくらですか。 |
| | B：<u>ななひゃくよんじゅうご円(えん)</u>です。(745円) |

(1) A：親子丼(おやこどん)はいくらですか。

B：____________________円です。

450円

(2) A：チーズバーガーとコーラはいくらですか。

B：____________________円です。

680円

(3) A：和菓子(わがし)セットはいくらですか。

B：____________________円です。

1,050円

## 2. 다음 질문에 답해 봅시다.

(1) A：いちごはいくつありますか。

B：＿＿＿＿＿＿＿＿ありります。

(2) A：りんじんはいくつありますか。

B：＿＿＿＿＿＿＿＿あります。

(3) A：バナナはいくつありますか。

B：バナナは＿＿＿＿＿＿＿ あります。

(4) A：全部合わせていくつですか。

B：すいか＿＿、りんご＿＿、トマト＿＿、いちご＿＿、

みかん＿＿、チェリー＿＿、合わせて20個あります。

## 3. 다음 예와 같이 일본어로 써보세요.

| 예) ワイン1本(ぽん)、シャンペン1本<br><br>すみません、ワイン1本(ぽん)とシャンペン1本お願(ねが)いします。 |
|---|

(1) 豚(とん)カツ、三人前(さんにんまえ)

すみません、＿＿＿＿＿＿＿＿＿＿お願(ねが)いします。

(2) てんぷらうどん、一(ひと)つ

あの、＿＿＿＿＿＿＿＿＿＿＿＿＿＿ください。

(3) 紅茶(こうちゃ)、和菓子(わがし)

私は＿＿＿＿＿＿＿＿＿＿＿＿＿＿にします。

## 잠깐

### ♠ 色(いろ)んな飲(の)み物(もの)

お茶

コーラ

コーヒー

ミネラルウォーター

紅茶

オレンジジュース

ウーロン茶

スポーツドリンク

カプチーノ

- ミルクシェーク 밀크셰이크
- レモレード 레모네이드
- エスプレッソ 에스프레소
- ハーブティー 허브 차
- カフェラテ 카페라테
- アイスココア 아이스코코아
- グレープジュース 포도주스
- カフェオレ 카페오레
- ミントティー 민트 차

UNIT

# 11

## とてもおいしいですね。

# Unit 11 とてもおいしいですね。

쉽고 재미있는 생생 일본어

## 基本文型

1. 日本語(にほんご)は面白(おもしろ)いです。
2. それはよかったですね。
3. あまり難(むずか)しくないです。

ミナ　松本(まつもと)さん、こんにちは。
　　　今日はいいお天気(てんき)ですね。

松本　ええ、そうですね
　　　あまり暑(あつ)くもないし、とてもいいですね。

ミナ　あの、松本さん、週末(しゅうまつ)に何(なに)をしましたか。

松本　友(とも)だちと映画(えいが)を見(み)ました。とても面白(おもしろ)かったです。

ミナ　それはよかったですね。食事(しょくじ)は何をしましたか。

松本　カルビを食(た)べました。

ミナ　お味(あじ)はどうでしたか。

松本　ちょっと高(たか)かったですが、とてもおいしかったです。

ミナ　うらやましいですね。

ところで、韓国語(かんこくご)は難(むずか)しくないですか。

松本　もちろん、難(むずか)しですよ。

私はまだ片言(かたこと)しかできないんです。

ミナ　では、日本語(にほんご)で話(はな)しましたか。

松本　もちろんです。彼(かれ)は日本語が上手(じょうず)でしたので。

## 単語／表現

- 面白(おもしろ)い 재미있다
- あまり 그다지
- 週末(しゅうまつ) 주말
- 友(とも)だち 친구
- 見(み)る 보다
- 食事(しょくじ) 식사
- 食(た)べる 먹다
- 高(たか)い 비싸다
- 味(あじ) 맛
- うらやましい 부럽다
- 韓国語(かんこくご) 한국어
- 話(はな)す 말하다
- 日本語(にほんご) 일본어
- 片言(かたこと) 서투른 말(더듬더듬하는 말)
- 上手(じょうず)だ 잘하다, 능숙하다
- 天気(てんき) 날씨
- 暑(あつ)い 덥다
- 何(なに)を 무엇을
- 映画(えいが) 영화
- よい 좋다
- カルビ 갈비
- ちょっと 좀, 약간
- とても 정말, 매우
- おいしい 맛있다
- でも 하지만
- 難(むずか)しい 어렵다
- もちろん 물론
- 彼(かれ) 그, 그 사람

## 팁

「~ので」는 원인 · 이유 · 결과를 객관적으로 표현하는 말로, 동사나 형용사가 앞에 올 때는 「~ので」, 명사나 형용동사가 앞에 올 때는 「~なので」로 활용된다.

(1) ゆうべはお酒(さけ)を飲(の)んだので、帰(かえ)りが遅(おそ)くなりました。

(2) まだ、未成年(みせいねん)なのでお酒は飲めません。

(3) おいしかったので、たくさん食(た)べてしまいました。

## 文型練習

### 01 形容詞 + です / ですか 형용사 +입니다 / 입니까?

この料理、おいしいですね。

日本語は漢字の読み方が難しいです。

東京よりソウルの方が寒いです。

### 02 形容詞 + くありません / くないです 형용사 + ~지 않습니다

九州の冬はあまり寒くありません。

私の部屋はあまり広くないです。

授業はあまり難しくありません。

### 03 形容詞 +かったです / かったですか 형용사+ ~었습니다 / ~었습니까

すきやきはおいしかったです。

日本の旅行は楽しかったですか。

キムチ鍋はちょっと辛かったです。

## 04 形容詞 + くなかったです(=くありませんでした) 형용사 + ~지 않았습니다

あまりおいしくなかったんです。

あのシャツは安(やす)くありませんでした。

思(おも)ったより辛くなかったです。

## 05 名詞を修飾 명사 수식

本当(ほんとう)におもしろい漫画(まんが)ですね。

とても小(ちい)さいりんごですね。

おいしい料理(りょうり)がたくさんありますね。

## 06 形容詞の副詞化 형용사의 부사화

すみませんが、部屋(へや)を明(あか)るくしてください。

おいしくて太(ふと)らない料理(りょうり)はありませんか。

私は忙(いそが)しくて行(い)けませんが。

## 07 も + し + も 나열용법

この店(みせ)はおいしいし、値段(ねだん)も高(たか)くないです。

彼(かれ)は性格(せいかく)もいいし、ハンサムだし、うらやましいですね。

沖縄(おきなわ)は海(うみ)もきれいだし、食(た)べ物(もの)もおいしいです。

## 팁

「いい/よい」는 '좋다'라는 같은 뜻을 가진 형용사이지만 'いい'는 문법적인 활용 없이 명사를 꾸며주거나 단독으로 쓰이며 활용할 때는 'よい'로 한다. 그 활용법은 다음과 같다.

| | | | |
|---|---|---|---|
| **긍정** | いいです。 | いいお天気(てんき)ですね。 | いいかばんです。 |
| **부정** | よくないです。 | よくありません。 | いくありません。(X) |
| **과거** | よかったです。 | よかったですね。 | いかったです。(X) |
| **과거 부정** | よくありませんでした。 | | いくありませんでした。(X) |
| **부사** | よく | | いく(X) |
| **연결** | よくて | | いくて(X) |

## 新しい単語

- 料理(りょうり) 요리
- 読(よ)み方(かた) 읽는 방법
- リス 다람쥐
- ～より ～보다
- 広(ひろ)い 넓다
- すきやき 전골
- 楽(たの)しい 재미있다
- ちょっと 좀, 약간
- シャツ 셔츠
- 漫画(まんが) 만화
- りんご 사과
- たくさん 많이
- 彼(かれ) 그, 그 사람
- ハンサム 핸섬, 잘생기다
- 沖縄(おきなわ) 오키나와
- 食(た)べ物(もの) 음식
- 店(みせ) 가게
- 漢字(かんじ) 한자
- 難(むずか)しい 어렵다
- かわいい 귀엽다
- 部屋(へや) 방
- 授業(じゅぎょう) 수업
- 旅行(りょこう) 여행
- キムチ鍋(なべ) 김치찌개
- 辛(から)い 맵다
- 本当(ほんとう) 정말
- 小(ち)さい 작다
- 忙(いそが)しい 바쁘다
- 明(あか)るい 밝다
- 性格(せいかく) 성격
- うらやましい 부럽다
- 海(うみ) 바다
- 天気(てんき) 날씨
- 値段(ねだん) 가격
- ～の方(ほう) ～하는 편이, ～하는 쪽이
- 思ったより 생각했던 것보다
- 行(い)けませんが 갈 수 없습니다만

## * 必須形容詞(ひっすけいようし) 필수형용사

반대말(反対語(はんたいご))

| | | |
|---|---|---|
| 大(おお)きい<br>크다 | ↔ | 小(ちい)さい<br>작다 |
| 長(なが)い<br>길다 | ↔ | 短(みじか)い<br>짧다 |
| 広(ひろ)い<br>넓다 | ↔ | 狭(せま)い<br>좁다 |
| 多(おお)い<br>많다 | ↔ | 少(すく)ない<br>적다 |
| 高(たか)い<br>비싸다 | ↔ | 安(やす)い<br>싸다 |
| いい<br>좋다 | ↔ | 悪(わる)い<br>나쁘다 |

| | | |
|---|---|---|
| 明(あか)るい<br>밝다 | ↔ | 暗(くら)い<br>어둡다 |
| 熱(あつ)い<br>뜨겁다 | ↔ | 冷(つめ)たい<br>차갑다 |
| 重(おも)い<br>무겁다 | ↔ | 軽(かる)い<br>가볍다 |
| うまい<br>맛있다 | ↔ | まずい<br>맛없다 |
| 易(やさ)しい<br>쉽다 | ↔ | 難(むずか)しい<br>어렵다 |
| 新(あたら)しい<br>새것이다 | ↔ | 古(ふる)い<br>오래되다 |

맛(味(あじ))

| | |
|---|---|
| 甘(あま)い | 달다 |
| 辛(から)い | 맵다 |
| 苦(にが)い | 쓰다 |
| 酸(す)っぱい | 시다 |
| 渋(しぶ)い | 떫다 |
| 塩辛(しおから)い | 짜다 |
| 濃(こ)い | 진하다 |

しぶい

## 날씨(天気(てんき))

| 寒(さむ)い | 춥다 |
|---|---|
| 肌寒(はださむ)い | 쌀쌀하다 |
| 暑(あつ)い | 덥다 |
| 暖(あたた)かい | 따뜻하다 |
| すずしい | 시원하다 |

## 그 외(その他(はか))

| 忙(いそが)しい | 바쁘다 |
|---|---|
| 楽(たの)しい | 즐겁다 |
| 優(やさ)しい | 상냥하다 |
| すばらしい | 훌륭하다 |
| 美(うつく)しい | 아름답다 |
| かわいい | 귀엽다 |
| うるさい | 시끄럽다 |
| 汚(きたな)い | 더럽다 |
| おかしい | 이상하다 |
| ない | 없다 |
| 痛(いた)い | 아프다 |
| 寂(さび)しい | 외롭다 |
| 悲(かな)しい | 슬프다 |

## 색깔(色(いろ))

| 赤(あか)い | 빨갛다 |
|---|---|
| 黒(くろ)い | 검다 |
| 白(しろ)い | 희다 |
| 青(あお)い | 파랗다 |
| 黄色(きいろ)い | 노랗다 |
| 茶色(ちゃいろ)い | 갈색이다 |

かわいい～

## 연습문제

### 1. 보기와 같이 문장을 만들어봅시다.

> この料理(りょうり)、おいしい → この料理はとてもおいしいです。

(1) 日本語、おもしろい → ______________________。

(2) あの部屋(へや)、広(ひろ)い → ______________________。

(3) 韓国(かんこく)の夏(なつ)、暑(あつ)い → ______________________。

### 2. 보기와 같이 부정문을 만들어봅시다.

> 納豆(なっとう)はおいしいですか。
>
> → いいえ、あまりおいしくありません。まずいです。

(1) そこは暖(あたた)かいですか。

→ いいえ、______________________。寒(さむ)いです。

(2) 部屋(へや)は広(ひろ)いですか。

→ いいえ、______________________。狭(せま)いです。

(3) 日本語の勉強(べんきょう)は難(むずか)しいですか。

→ いいえ、＿＿＿＿＿＿＿＿＿＿＿＿。おもしろいです。

### 3. 다음과 같이 과거형 문장으로 만들어봅시다.

| 料理番組(りょうりばんぐみ)は面白(おもしろ)いです。<br>→ 料理番組(りょうりばんぐみ)は<u>おもしろかったです</u>。 |
|---|

(1) ビビム冷麺(れいめん)は辛(から)いです。

→きのう、食べた＿＿＿＿＿＿＿＿＿＿＿＿。

(2) ほんとうに寒(さむ)いです。

→ 去年(きょねん)の冬(ふゆ)は＿＿＿＿＿＿＿＿＿＿＿＿。

(3) 旅行(りょこう)は楽(たの)しいです。

→ ハワイの＿＿＿＿＿＿＿＿＿＿＿＿。

### 4. 다음과 같이 과거부정문으로 만들어봅시다.

> 楽(たの)しかったですか。
>
> → いいえ、<u>たのしくなかったです</u>。(楽しくありませんでした)

(1) 寿司(すし)はおいしかったですか。

→ いいえ、____________________。

(2) かばんは高(たか)かったですか。

→ いいえ、____________________。

(3) リボンはかわいかったですか。

→ いいえ、____________________。

## 5. 다음의 어휘를 사용하여 한 문장으로 만들어봅시다.

このかばんは黒(くろ)い、大(おお)きい

→ このかばんは黒(くろ)くて大(おお)きいです。

(1) このレストランはおいしい、安(やす)い

→ このレストランは＿＿＿＿＿＿＿＿＿＿＿＿。

(2) 背(せ)も高い、カッコいい

→ 彼(かれ)は＿＿＿＿＿＿＿＿＿＿＿＿＿＿＿。

(3) 韓国語(かんこくご)は易(やさ)しい、おもしろい

→ 韓国語(かんこくご)は＿＿＿＿＿＿＿＿＿＿＿＿＿。

## 잠깐

### ♠ 일본의 화폐

일본의 화폐 단위는 엔(円)이며, 1円, 5円, 10円, 50円, 100円, 500円의 여섯 종류이다. 1엔짜리를 비롯한 모든 동전은 지금도 활발히 유통되고 있으며, 특히 5엔(五円)은 「인연(ご縁)」과 같은 발음이 나기 때문에 좋은 「인연」을 맺게 해준다는 뜻이 있어 젊은이들이 절이나 신사에서 소원을 빌 때 많이 사용한다.

1,000円은 일본의 세균학자이자 의학자인 노구치 히데요(野口英世)가, 2,000円짜리 앞면에는 세계문화유산인 슈레몬(守礼門)이, 뒷면에는 헤이안 시대(平安時代, 794~1192) 귀족들의 삶과 사랑을 그린 소설 겐지모노가타리(源氏物語)의 작가인 무라사키 시키부(紫式部)의 초상화가 그려져 있으며 2000년도에 만들어졌다. 5,000円은 메이지 시대(明治時代, 1867~1912)에 활약했던 여류소설가인 히구치 이치요(樋口一葉)가, 10,000円권은 계몽 사상가이자 교육가이며 게이오(慶応)대학을 창설한 후쿠자와 유키치(福沢諭吉)가 그려져 있다.

# UNIT 12

# 伝統料理(でんとうりょうり)が好(す)きです。

# Unit 12 伝統料理が好きです。

## 基本文型

1. 音楽の中でジャズが大好きです。
2. あまり上手じゃありません。
3. 安くて親切な店ですね。

小川　スジンさんは韓国の料理の中で何が一番好きですか。

スジン　色々ありますが、中でビビンバが好きです。
健康食で安いんですよ。

小川　私もビビンバが好きで、作ったりしますが。

スジン　へ～！ 本当？

小川　韓国に留学した時、友達から習いましたがあまり上手じゃありません。
ところで、スジンさんの趣味は何ですか。

スジン　これといったものはありませんが。
この頃は太っていてジムに通っています。

小川　あ、そうですか。

(雰囲気を変えて)

スジン　さあ、着きました。

この店はすき焼きとビビンバ専門店で有名です。

小川　きれいで、静かなところですね。

## 単語／表現

- 伝統料理 전통요리
- ジャズ 재즈
- 上手だ 잘하다, 능숙하다
- 親切だ 친절하다
- 料理 요리
- 一番 가장, 최고
- ビビンバ 비빔밥
- 作る 만들다
- 留学 유학
- 習う 배우다
- この頃 요즘
- きれいだ 예쁘다
- 雰囲気 분위기
- 着く 도착하다
- 専門店 전문점
- 静かだ 조용하다
- これといったもの 이렇다 할 것
- 音楽 음악
- 大好きだ 매우 좋아하다
- 安い 싸다
- 韓国 한국
- 何が 뭐가
- 色々 여러 가지
- 健康食 건강식
- 本当 정말, 진짜
- 時 때
- 趣味 취미
- 通う 다니다
- 太る 살찌다
- 変える 바꾸다
- すき焼き 전골
- 有名だ 유명하다
- ところ 곳, 장소

## 文型練習

### 01 形容動詞(けいようどうし) + です / ですか 형용동사 + 입니다 / 입니까

きれい！

部屋(へや)はきれいです。

公園(こうえん)はとても静(しず)かですね。

交通(こうつう)は便利(べんり)ですか。

### 02 形容動詞 + じゃありません / じゃないです 형용동사 + 않습니다 / 아닙니다

そちらの交通(こうつう)はあまり便利(べんり)ではありません。

納豆(なっとう)は好きじゃありません。

彼(かれ)はあまり真面目(まじめ)な人(ひと)じゃないです。

ハンサムですが、私のタイプじゃありません。

### 03 形容動詞(けいようどうし) + だったです / でした 형용동사 + 였습니다

昔(むかし)はきれいだったです。

図書館(としょかん)は広(ひろ)くて静(しず)かだったです。

店員(てんいん)はとても親切(しんせつ)でした。。

交通(こうつう)が便利(べんり)だったので、よかったです。

## 04 形容動詞 + じゃありませんでした / じゃなかったです 형용동사 + 지 않았습니다

思ったより親切じゃありませんでした。

韓国語が上手じゃなかったです。

小さい時は好きじゃありませんでした。

町はにぎやかじゃなかったです。

## 05 形容動詞の名詞修飾 형용동사의 명사 수식

真面目な学生です。

りっぱなビルですね。

こちらはにぎやかなところです。

便利なシステムですね。

## 06 形容動詞の副詞的用法 형용동사의 부사적 용법

彼は真面目で、格好いいです。

このレストランは静かで、きれいです。

お元気に！

簡単にできました。

## 新しい単語

- 部屋(へや) 방
- 公園(こうえん) 공원
- 交通(こうつう) 교통
- 納豆(なっとう) 일본 청국장
- 真面目(まじめ) 성실
- 昔(むかし) 옛날
- 広(ひろ)い 넓다
- 思(おも)ったより 생각보다
- 小(ちい)さい時 어렸을 때
- にぎやかだ 번화하다
- 便利(べんり)だ 편리하다
- ビル 빌딩
- ハンサム 핸섬, 잘나다
- 簡単(かんたん) 간단
- 映画(えいが) 영화
- 静(しず)かだ 조용하다
- 便利(べんり) 편리
- タイプ 타입
- 格好(かっこう)いい 멋있다
- 図書館(としょかん) 도서관
- 店員(てんいん) 점원
- 韓国語(かんこくご) 한국어
- 町(まち) 동네, 거리
- 真面目(まじめ)だ 성실하다
- りっぱだ 멋지다, 훌륭하다
- システム 시스템
- 元気(げんき) 건강
- できる 할 수 있다

## * 必須形容動詞(ひっすけいようどうし) 필수 형용동사

- 好(す)きだ 좋아하다
- 嫌(きら)いだ 싫어하다
- 上手(じょうず)だ 잘하다/능숙하다
- 下手(へた)だ 잘 못하다/서투르다
- 便利(べんり)だ 편리하다
- 不便(ふべん)だ 불편하다
- 得意(とくい)だ 잘하다
- 苦手(にがて)だ 잘 못하다
- 大丈夫(だいじょうぶ)だ 괜찮다
- 丈夫(じょうぶ)だ 튼튼하다
- 重要(じゅうよう)だ 중요하다
- ハンサムだ 잘생기다
- きれいだ 예쁘다/깨끗하다
- 心配(しんぱい)だ 걱정이다
- 親切(しんせつ)だ 친절하다
- すてきだ 멋지다/근사하다
- 暇(ひま)だ 한가하다
- にぎやかだ 번화하다
- 元気(げんき)だ 건강하다
- 真面目(まじめ)だ 성실하다
- 自由(じゆう)だ 자유다/자유롭다
- 有名(ゆうめい)だ 유명하다

## 연습문제

### 1. 보기와 같은 문장을 만들어봅시다.

| 彼女(かのじょ)は親切(しんせつ)だ、人(ひと) → 彼女(かのじょ)は親切(しんせつ)な人です。 |
|---|

(1) 図書館(としょかん)は静かだ、所(ところ) → 図書館(としょかん)は＿＿＿＿＿＿＿＿です。

(2) 新宿(しんじゅく)はにぎやかだ、街(まち) → 新宿(しんじゅく)は＿＿＿＿＿＿＿＿です。

(3) 中村(なかむら)さんは有名(ゆうめい)だ、医者(いしゃ) → 中村(なかむら)さんは＿＿＿＿＿＿です。

### 2. 형용동사의 부정문을 만들어봅시다.

| 公園(こうえん)は静(しず)かですか。<br>→ いいえ、あまり静かではありません。(静かじゃありません) |
|---|

(1) 勉強(べんきょう)が好きですか。 → いいえ、＿＿＿＿＿＿＿＿＿＿。

(2) テストは簡単(かんたん)ですか。 → いいえ、＿＿＿＿＿＿＿＿＿＿。

(3) 交通(こうつう)は便利(べんり)ですか。 → いいえ、＿＿＿＿＿＿＿＿＿＿。

## 3. 형용동사의 과거문장을 만들어봅시다.

> 彼はまじめです。
> → 彼はまじめでした。(まじめだったです)

(1) 日本語を書くのが上手ですね。

→ 彼は________________________。

(2) 石川さんは元気です。

→ 石川さんは________________________。

(3) あの店の魚は新鮮です。

→ あの店の魚は________________________。

## 4. 형용동사의 과거부정문을 만들어봅시다.

> 不便でしたか。
> → いいえ、不便ではありませんでした。(不便ではなかったです)

(1) 簡単でしたか。

→ いいえ、________________________。

(2) 便利(べんり)でしたか。

→ いいえ、＿＿＿＿＿＿＿＿＿＿＿＿＿＿。

(3) 静(しず)かでしたか。

→ いいえ、＿＿＿＿＿＿＿＿＿＿＿＿＿＿。

## 5. 두 문장을 한 문장으로 연결해 봅시다.

> 北村(きたむら)さんはまじめだ、親切(しんせつ)だ
>
> → 北村さんは<u>まじめで、親切(しんせつ)です</u>。

(1) 交通は便利だ、楽(らく)だ

→ 交通は＿＿＿＿＿＿＿＿＿＿＿＿＿＿。

(2) 先生(せんせい)はきれいだ、やさしい

→ 先生は＿＿＿＿＿＿＿＿＿＿＿＿＿＿。

(3) レストランは静かだ、大(おお)きい

→ レストランは＿＿＿＿＿＿＿＿＿＿＿＿＿＿。

## 잠깐

### ♠ 십이간지(年(とし))

ねずみ

うし

とら

うさぎ

たつ

へび

うま

ひつじ

さる

とり

いぬ

いのしし

UNIT

# 13

# どのくらいかかりますか。

# Unit 13 どのくらいかかりますか。

## 基本文型

1. 家(いえ)から学校(がっこう)は遠(とお)いですか。
2. 電車(でんしゃ)で1時間(じかん)くらいかかります。
3. 郵便局(ゆうびんきょく)ありますか。

野田(のだ)　金さんは地下鉄(ちかてつ)で学校(がっこう)へ行きますか。

金　地下鉄(ちかてつ)で行くときもありますが、たいていバスで行きます。

野田　家(いえ)から遠(とお)いですか。

金　いいえ、あまり遠くありません。
15分ぐらいかかります。

野田　学校に郵便局(ゆうびんきょく)はありますか。

金　もちろんです。
ATM(エーティーエム)もビルごとにあります。

野田　それは便利(べんり)ですね。

金　ところで、午後(ごご)は何(なに)か予定(よてい)がありますか。

野田　いいえ、ありませんが。

金　それじゃ、図書館(としょかん)へ行ってみませんか。

野田　いいですよ。一緒(いっしょ)に行きましょう。

## 単語／表現

- 家(いえ) 집
- 遠(とお)い 멀다
- 電車(でんしゃ) 전차
- 郵便局(ゆうびんきょく) 우체국
- バス 버스
- ATM(エーティーエム) 현금인출기
- ～ごとに ~마다
- 何(なに)か 뭔가
- 一緒(いっしょ)に 함께, 같이
- ビル 빌딩(ビルディング의 약자)
- 学校(がっこう) 학교
- ～ぐらい ~정도, 쯤
- 1時間(じかん) 한 시간
- 地下鉄(ちかてつ) 지하철
- もちろん 물론
- 図書館(としょかん) 도서관
- 便利(べんり) 편리
- 予定(よてい) 예정

# 文型練習

## 01 動詞の「ます形」동사연용형

| 区分 | 辞書形 | | ます形 | 辞書形 | | ます形 |
|---|---|---|---|---|---|---|
| 五段動詞 | 買(か)う | → | 買います | 死(し)ぬ | → | 死にます |
| | 書(か)く | → | 書きます | 遊(あそ)ぶ | → | 遊びます |
| | 話(はな)す | → | 話します | 読(よ)む | → | 読みます |
| | 待(ま)つ | → | 待ちます | 終(お)わる | → | 終わります |
| 上·下一段動詞 | 見(み)る | → | 見ます | 食(た)べる | → | 食べます |
| | 起(お)きる | → | 起きます | 寝(ね)る | → | 寝ます |
| | 着(き)る | → | 着ます | 捨(す)てる | → | 捨てます |
| | 降(お)りる | → | 降ります | 見(み)せる | → | 見せます |
| | 落(お)ちる | → | 落ちます | 茹(ゆ)でる | → | 茹でます |
| 変格動詞 | 来(く)る | → | 来ます | | | |
| | する | → | します | 勉強(べんきょう)する | → | 勉強します |
| | | | | 食事(しょくじ)する | → | 食事します |
| 例外動詞 | 切(き)る | → | 切ります | 帰(かえ)る | → | 帰ります |
| | 座(すわ)る | → | 座ります | 入(はい)る | → | 入ります |
| | | | | 要(い)る | → | 要ります |

## 02 ~ます / ~ますか / ~ません ~입니다 / ~입니까 / ~지 않습니다

ご飯(はん)を食(た)べる前(まえ)に手(て)を洗(あら)います。

田中(たなか)さんはいつ来(き)ますか。

週末(しゅうまつ)には来ません。

## 03 ~ましょう / ~ましょうか ~ㅂ시다 / ~ㄹ까요?

さあ、暗(くら)くなる前(まえ)に早(はや)く帰(かえ)りましょう。

これ、一緒(いっしょ)に食べましょう。

ちょっと休(やす)みましょうか。

## 04 ~に ~로, ~하러

メニューは何(なに)にしますか。

コンビニまで一緒(いっしょ)に行きませんか。

久(ひさ)しぶりに友達とお酒(さけ)を飲(の)みました。

## 05 ~ながら ~하면서

コーヒーを飲みながら話します。

音楽(おんがく)を聞(き)きながら勉強(べんきょう)をします。

スマホしながら歩(ある)くのは危(あぶ)ないです。

## 新しい単語

- ～ながら 하면서
- ～前(まえ)に ～전에
- 週末(しゅうまつ) 주말
- 早(はや)い 이르다, 빠르다
- 帰(かえ)る 돌아가다, 돌아오다
- コンビニ 편의점
- 久(ひさ)しぶりに 오랜만에
- 飲(の)む 마시다
- 音楽(おんがく) 음악
- 勉強(べんきょう) 공부
- ご飯(はん) 밥
- 手(て)を洗(あら)い 손을 씻다
- 暗(くら)くなる 어두워지다
- メニュー 메뉴
- 休(やす)み 휴일, 쉼
- 一緒(いっしょ)に 함께
- お酒(さけ) 술
- 食事(しょくじ) 식사
- 聞(き)く 듣다
- 歩(ある)く 걷다
- スマホ 스마트폰(スマートフォン의 줄임말)
- 危(あぶ)ない 위험하다

## 연습문제

**1. 다음 회화문을 완성해 봅시다.**

(1) 彼(かれ)は教室(きょうしつ)で授業(じゅぎょう)をしていますか。

→ はい、＿＿＿＿＿＿＿＿＿＿＿＿＿＿。

→ いいえ、＿＿＿＿＿＿＿＿＿＿＿＿＿＿。

(2) 孫(まご)の面倒(めんどう)を見(み)ていますか。

→ はい、＿＿＿＿＿＿＿＿＿＿＿＿＿＿。

→ いいえ、＿＿＿＿＿＿＿＿＿＿＿＿＿＿。

(3) きのう、会社(かいしゃ)へ行きましたか。

→ はい、＿＿＿＿＿＿＿＿＿＿＿＿＿＿。

→ いいえ、＿＿＿＿＿＿＿＿＿＿＿＿＿＿。

## 2. 다음 그림을 보고 문장을 완성해 봅시다.

(1) A：何(なに)にしますか。

B：私は＿＿＿＿＿＿＿＿＿＿＿＿＿＿。

えびフライ

(2) A：金さんはどこにいますか。

B：金さんは＿＿＿＿＿＿＿＿＿＿＿＿＿＿。

家(いえ)

(3) A：外(そと)は雨(あめ)ですか。

B：いいえ、＿＿＿＿＿＿＿＿＿＿＿＿＿＿。

雪(ゆき)が降(ふ)る

## 3. 보기와 같이 한 문장으로 만들어봅시다.

| カタログを見る、注文(ちゅうもん)　→　<u>カタログを見ながら注文(ちゅうもん)します</u>。 |
|---|

(1) 友達を待(ま)つ、本(ほん)を読(よ)む →＿＿＿＿＿＿＿＿＿＿＿＿＿＿。

(2) ニュースを聞(き)く、お茶(ちゃ)を飲む →＿＿＿＿＿＿＿＿＿＿＿＿＿＿。

(3) 働(はたら)く、勉強(べんきょう)する →＿＿＿＿＿＿＿＿＿＿＿＿＿＿。

## 잠깐

### ♠ 諺(ことわざ) 속담

「諺(ことわざ)」는 우리의 '속담'을 뜻하는 말이다. 일종의 관용표현으로 옛 사람들의 삶의 지혜나 교훈, 풍자, 지식 등을 비유적으로 담고 있으며 문장이 간결하여 외우기 쉽다. 해석에 다소 어려운 점이 있지만 잘 공부해 두면 문화적 차이로 인해 의미전달이 어려운 상황에서 번다한 설명 없이 재치 있게 그 뜻을 설명할 수 있어 백 마디 말보다 더 효과적일 수 있다.

- 石(いし)の上(うえ)にも三年(さんねん) = 바위 위에도 삼년(고진감래, 참고 견디면 복이 온다)
- 袖(そで)すり合(あ)うも他生(たしょう)の縁(えん) = 옷깃만 스쳐도 전생의 인연
- 馬(うま)の耳(みみ)に念仏(ねんぶつ) = 소귀에 경 읽기
- 同(おな)じ穴(あな)の貉(むじな) = 같은 구멍에 살고 있는 너구리(다른 척해도 한통속)
- 光陰(こういん)矢(や)の如(ごと)し = 세월은 화살과 같다
- 郷(ごう)に入(い)っては郷に従(したが)う = 로마에 가면 로마법을 따르라
- 船頭(せんとう)多(おお)くして船山(ふねやま)に登(のぼ)る = 사공이 많으면 배가 산으로 간다
- 猿(さる)も木(き)から落(お)ちる = 원숭이도 나무에서 떨어진다
- 知(し)らぬが仏(ほとけ) = 모르는 게 약
- 笑(わら)う門(かど)には福(ふく)来(き)たる = 웃으면 복이 와요

UNIT

# 14

# 新聞(しんぶん)を読(よ)んでいます。

# Unit 14 新聞(しんぶん)を読(よ)んでいます。

쉽고 재미있는 생생 일본어

## 基本文型

1. 妹(いもうと)は東京(とうきょう)に住(す)んでいます。
2. 時間(じかん)がないので急(いそ)いでください。
3. スーパーに行ってきます。

上田(うえだ)　今(いま)、何(なに)をしていますか。

ジフン　日本(にほん)の新聞(しんぶん)を読(よ)んでいます。

上田　新聞ですか。難(むずか)しくありませんか。

ジフン　漢字(かんじ)は読(よ)み方(かた)がいろいろあってよく分(わ)かりません。
日常会話(にちじょうかいわ)なら何(なん)とかできますが。

上田　でも、読めないけどだいたいの意味(いみ)は分(わ)かりますよね。

ジフン　まあ、それはそうですが。

上田　ところで、ジフンさん、これつまらないものですが…。

ジフン　え？何ですか。開(あ)けてみてもいいですか。

上田　もちろんです。

ジフン　わ、うれしい！きれいな和菓子(わがし)ですね。

一つ、いただきます。

上田　国(くに)のお母(かあ)さんが送(おく)ってくれたんです。

ジフン　おいしいですね。

## 単語／表現

- 妹(いもうと) 여동생
- 住(す)む 살다
- 急(いそ)ぐ 서두르다
- 今(いま) 지금
- 新聞(しんぶん) 신문
- 難(むずか)しい 어렵다
- 読(よ)み方(かた) 읽는 법
- 分(わ)かる 알다
- ～なら ～라면
- 読めない 읽을 수 없다
- 意味(いみ) 의미
- もちろんです 물론입니다
- 和菓子(わがし) 화과자
- 国(くに) 나라
- 東京(とうきょう) 동경
- 時間(じかん) 시간
- スーパー 슈퍼
- 何(なに)を 무엇을
- 読(よ)む 읽다
- 漢字(かんじ) 한자
- いろいろ 여러 가지
- 日常会話(にちじょうかいわ) 일상회화
- 開(あ)ける 열다
- だいたい 대개
- まあ 뭐
- 嬉(うれ)しい 기쁘다
- 送(おく)る 보내다
- お母(かあ)さん 어머니
- いただきます 잘 먹겠습니다
- 何(なん)とかできますが 어떻게든 할 수 있습니다만
- それはそうですが 그건 그렇습니다만
- つまらない 시시하다, 보잘것없다

# 文型練習

## 01 動詞(どうし)の「て形」동사 연결형

| 1Group(五段動詞) | | | |
|---|---|---|---|
| 買(か)う | → 買って | 書(か)く | → 書いて |
| 待(ま)つ | → 待って | 泳(およ)ぐ | → 泳いで |
| 終(お)わる | → 終わって | 話(はな)す | → 話して |
| 死(し)ぬ | → 死んで | 예외 | |
| 呼(よ)ぶ | → 呼んで | 行(い)く | → い~~い~~て → 行って |
| 飲(の)む | → 飲んで | | |
| **2Group(上・下一段動詞)** | | | |
| 着(き)る | → 着て | 예외 | |
| 起(お)きる | → 起きて | 切(き)る | → 切って |
| 食(た)べる | → 食べて | 帰(かえ)る | → 帰って |
| 寝(ね)る | → 寝て | | |
| **3Group(カ・サ行 変格動詞)** | | | |
| 来(く)る | → 来(き)て | | |
| する | → して | 勉強(べんきょう)する | → 勉強して |
| | | 運動(うんどう)する | → 運動して |

## 02 「う・つ・る」가 올 경우

これを使(つか)ったほうがいいです。

しばらく待(ま)ってください。

もう一度(いちど)言(い)ってくれませんか。

今年(ことし)、流行(はや)っているのは何色(なにいろ)ですか。

## 03 「ぬ・ぶ・む」가 올 경우

魚(さかな)が死(し)んでいます。

公園(こうえん)で子供(こども)が遊(あそ)んでいます。

小説(しょうせつ)を読(よ)んでいます。

ベンチで休(やす)んでいる人は北村(きたむら)さんです。

## 04 「く・ぐ・す」가 올 경우

赤(あか)ちゃんが歩(ある)いています。

急(いそ)いで行きましょう。

私はお腹(なか)が空(す)きました。

ゆっくり話(はな)してください。

## 05 「上(じょう)・下(げ)一段動詞(いちだんどうし)」가 올 경우

明日(あした)は全員(ぜんいん)6時に起(お)きてください。

花(はな)びらが落(お)ちています。

ベットの上(うえ)でテレビを見(み)ています。

先生(せんせい)は分(わ)かりやすく教(おし)えてくれます。

## 06 「変格(へんかく)動詞 来る、する」가 올 경우

ぜひ、来(き)てください。

部屋(へや)をきれいに掃除(そうじ)してください。

月曜日(げつようび)からテストなので図書館(としょかん)で勉強(べんきょう)しています。

## 07 「例外(れいがい)動詞」가 올 경우

妹(いもうと)は日本に行っています。

桜(さくら)の花(はな)が散(ち)っています。

いつ帰(かえ)ってきますか。

まずは大根(だいこん)を細(こま)かく切(き)ってください。

## 新しい単語

- 使(つか)う 사용하다
- 待(ま)つ 기다리다
- 流行(はや)る 유행하다
- もう一度(いちど) 다시 한 번
- 言(い)う 말하다
- 魚(さかな) 생선
- 子供(こども) 아이
- 小説(しょうせつ) 소설
- ベンチ 벤치
- 赤(あか)ちゃん 아기
- 急(いそ)ぐ 서두르다
- ゆっくり 천천히
- 全員(ぜんいん) 전원
- 花(はな)びら 꽃잎
- 先生(せんせい) 선생님
- ~てくれる ~해 주다
- ぜひ来(き)てください 꼭 오세요
- 勉強(べんきょう) 공부
- 掃除(そうじ) 청소
- 桜(さくら) 벚꽃
- 散(ち)る 떨어지다, 흩어지다
- 帰(かえ)ってくる 돌아오다
- 大根(だいこん) 무
- しばらく 잠시, 잠깐
- 今年(ことし) 올해
- 何色(なにいろ) 무슨 색깔
- 公園(こうえん) 공원
- ~てくれる ~해 주다
- 死(し)ぬ 죽다
- 遊(あそ)ぶ 놀다
- 読(よ)む 읽다
- 休(やす)む 쉬다
- 歩(ある)く 걷다
- お腹(なか)が空(す)く 배가 고프다
- 話(はな)す 말하다
- 起(お)きる 일어나다
- 落(お)ちる 떨어지다
- 分(わ)かりやすい 알기 쉽다
- 教(おし)える 가르치다
- 図書館(としょかん) 도서관
- 部屋(へや) 방
- 妹(いもうと) 여동생
- 花(はな) 꽃
- いつ 언제
- まず 먼저, 우선
- 細(こま)かく切(き)る 잘게 자르다

## 연습문제

### 1. 동사를 활용하여 문장을 만들어봅시다.

| 漢字(かんじ)を読(よ)む → 漢字(かんじ)を読んでいます。 |
|---|

(1) 英語(えいご)で日記(にっき)を書(か)く

→ ＿＿＿＿＿＿＿＿＿＿＿＿＿＿＿。

(2) ベットの上(うえ)で休(やす)む

→ ＿＿＿＿＿＿＿＿＿＿＿＿＿＿＿。

(3) リスがどんぐりを食べる

→ ＿＿＿＿＿＿＿＿＿＿＿＿＿＿＿。

### 2. 보기와 같이 연습해 봅시다.

| 軽(かる)く歩(ある)く → 軽く歩いたほうがいいです |
|---|

(1) 早(はや)く寝(ね)る

→ ＿＿＿＿＿＿＿＿＿＿＿＿＿＿＿。

(2) 会議(かいぎ)をする

→ ______________________________。

(3) 病院(びょういん)に行く

→ ______________________________。

### 3. 보기와 같이 연습해 봅시다.

| ファックス、使(つか)う → ファックスを使(つか)ってもいいですか。 |
|---|

(1) 犬(いぬ)と猫(ねこ)、飼(か)う

→ お母(かあ)さん、________________________。

(2) ケーキ、食(た)べる

→ あの、こちらの____________________。

(3) 緑茶(りょくちゃ)、飲(の)む

→ この______________________________。

## 잠깐

### ♠早口言葉(はやくちことば)

비슷한 발음이 반복된 문장을 빠르게 말하는 「早口言葉(はやくちことば)」는 우리말의 '잰말놀이'를 뜻한다. 주로 외국인이 언어 연습을 할 때나 발음교정이 필요한 학습자 그리고 어린이들에게 놀이처럼 가르쳐 언어 학습에 재미를 주는 것은 물론, 부정확한 발음을 교정하는 말(言)놀이이다.

- 生(なま)ナマズ生ナマコ生ナメコ = 생 메기 생 해삼 생 버섯
- 買(か)った肩叩(かたたた)き高(たか)かった = 산 어깨망치 비싸다
- この寿司(すし)は少(すこ)し酢(す)が効(き)きすぎた = 이 초밥은 식초가 너무 들어갔다
- 不幸(ふこう)な夫婦(ふうふ)は古(ふる)い服(ふく) = 불행한 부부는 오래된 옷
- おやおや？八百屋(やおや)の親(おや)か芋屋(いもや)の親(おや)か

  = 어라? 채소가게 아저씨인가 감자가게 아저씨인가
- 新人歌手新春(しんじんかしゅしんしゅん)シャンソンショー = 신인가수 신춘 샹송 쇼
- 老若男女骨粗鬆症(ろうにゃくなんにょこつそしょうしょう) = 남녀노소 골다공증
- キシャノキシャハキシャデカエス = 귀사의 기자는 기차로 돌아갔다.
- 東京特許許可局許可局長(とうきょうとっきょきょかきょくきょかきょくちょう)の許可(きょか) = 동경특허 허가국 허가국장의 허가

UNIT

# 15

# 日本語(にほんご)ができますか。

# Unit 15 日本語(にほんご)ができますか。

쉽고 재미있는 생생 일본어

## 基本文型

1. お酒(さけ)が飲(の)めますか。
2. 辛(から)いものは食(た)べられません。
3. あまり寝(ね)られませんでした。

李(イ)ミナ　鈴木さん、疲(つか)れているようですね。

鈴木(すずき)　昨日は、あまり寝(ね)られませんでした。

李ミナ　どうしたんですか。

鈴木　久(ひさ)しぶりに友達(ともだち)に会(あ)って夜遅(よるおそ)くまでお酒を飲みました。

李ミナ　お酒が飲めますか。

鈴木　私、お酒が大好(だいす)きですよ。

李ミナ　へ～、それでたくさん飲んだんですね。では、食事(しょくじ)は？

鈴木　海(うみ)の幸(さち)がたっぷり入(はい)ったチャンポンでした。

李ミナ　韓国(かんこく)のチャンポンはちょっと辛(から)いですけど。

鈴木　辛いものは食べられませんので、唐辛子(とうがらし)抜(ぬ)きにしました。

李ミナ　それはよかったんですね。

じゃ、迎え酒(むかえざけ)でもどうですか。

鈴木　ありがたいですが、それは無理(むり)です。

李ミナ　でしたら、今日も頑張(がんば)っていきましょう。

鈴木　はいッ。

## 単語／表現

- お酒(さけ) 술
- 食(た)べる 먹다
- 寝(ね)る 자다
- ～いるようだ ～것 같다
- 久(ひさ)しぶりに 오랜만에
- 遅(おそ)い 늦다
- 大好(だいす)き 매우 좋아함
- 食事(しょくじ) 식사
- たっぷり 듬뿍
- チャンポン 짬뽕
- 唐辛子(とうがらし) 고추
- 迎え酒(むかえざけ) 해장술
- 頑張(がんば)る 열심히 하다
- 辛(から)いもの 매운 것
- あまり 그다지
- 疲(つか)れる 피로하다
- ～に会(あ)う ～를 만나다
- 夜(よる) 밤
- ～のが ～ㄴ 것이
- たくさん 많이
- 海(うみ)の幸(さち) 해산물
- 入(はい)った 들어간
- 辛い 맵다
- よかった 다행이다
- 無理(むり) 무리
- 飲(の)める 마실 수 있다(飲む의 가능형)
- どうしたんですか 무슨 일이세요
- ～抜(ぬ)きにする ～를 빼다, ～없이 하다

## 文型練習

### 01 「5段動詞」の可能形 5단동사의 가능형

稲川さんは韓国語が話せます。

アパートではピアノが弾けません。

忙しくてあまり休めませんでした。

体の調子が悪くて締め切りまで書けなかったんです。

### 02 「れる·られる」の可能形 「れる·られる」의 가능형

6時に来られますか。

ちょっとボールペン、借りられますか。

すごい！山口さんはなんでも作れますね。

私はユッケも食べられます。

### 03 ~ことができる ~ㄹ 수가 있다

誰でも利用することができます。

アマチュアの方も踊ることができます。

大人は自分で決めることができます。

それは簡単に作ることができません。

## 04 ~できる ~할 수 있다

これは一人(ひとり)でもできる。

私、中華料理(ちゅうかりょうり)ができます。

お手洗(てあら)いをお借(か)りできますか。

日本語(にほんご)は少(すこ)ししかできません。

### 新しい単語

- 韓国語(かんこくご) 한국어
- アパ-ト 아파트
- 弾(ひ)く 치다
- あまり 그다지
- 調子(ちょうし)が悪(わる)い 컨디션이 좋지 않다
- 締(し)め切(き)り 마감
- 来(こ)られる 올 수 있다
- ボ-ルペン 볼펜
- すごい 훌륭하다, 대단하다
- 作(つく)る 맞들다
- 誰(だれ)でも 누구라도
- アマチュア 아마추어
- 踊(おど)る 춤추다
- 自分(じぶん) 자기, 자신
- 簡単(かんたん) 간단
- 一人(ひとり)でも 혼자서도
- お手洗(てあら)い 화장실
- 話(はな)す 말하다
- ピアノ 피아노
- 忙(いそが)しい 바쁘다
- 休(やす)む 쉬다
- 体(からだ) 몸
- 書(か)く 쓰다
- ちょっと 좀
- 借(か)りる 빌리다
- なんでも 뭐든지
- ユッケ 육회
- 利用(りよう) 이용
- 方(かた) 분
- 大人(おとな) 어른
- 決(き)める 결정하다
- 作(つく)る 만들다
- 料理(りょうり) 요리
- 少(すこ)ししか 조금밖에

## 연습문제

### 1. 다음을 가능문으로 만들어봅시다.

(1) 私は日本語で手紙(てがみ)を______ます。(書(か)く)

(2) 私は海(うみ)で__________ます。(泳(およ)ぐ)

(3) こちらのコンピューターが__________ます。

(使(つか)う)

### 2. 내용에 맞게 회화문을 완성해 봅시다.

(1) A：誕生日(たんじょうび)パーティーに来(こ)られますか。

B：はい、______________________________。

いいえ、______________________________。

(2) A：あなたはお寿司(すし)が食(た)べられますか。

B：はい、＿＿＿＿＿＿＿＿＿＿＿＿＿＿。

いいえ、＿＿＿＿＿＿＿＿＿＿＿＿＿＿。

(3) A：朝(あさ)、6時に起(お)きられますか。

B：はい、＿＿＿＿＿＿＿＿＿＿＿＿＿＿。

いいえ、＿＿＿＿＿＿＿＿＿＿＿＿＿＿。

## 3. 다음의 문장을 완성해 봅시다.

(1) A：大石(おおいし)さんは何(なん)の料理(りょうり)ができますか。

B：私は鍋料理(なべりょうり)＿＿＿＿＿＿＿＿＿＿＿＿＿＿。

(2) A：これ、作動(さどう)するのが難(むずか)しいですね。

B：こうすれば、＿＿＿＿＿＿＿＿＿＿＿＿。

(3) A：日本語ができますか。

B：日常会話(にちじょうかいわ)くらいは＿＿＿＿＿＿＿＿＿＿。

## 4. 보기와 같이 문장을 완성해 봅시다.

| この漢字(かんじ)を読(よ)む → この漢字(かんじ)を読むことができます。 |
|---|

(1) 山(やま)へ一人(ひとり)で行(い)く → ＿＿＿＿＿＿＿＿＿＿＿＿。

(2) 絵(え)を描(か)く → ＿＿＿＿＿＿＿＿＿＿＿＿。

(3) お酒(さけ)を飲(の)む → ＿＿＿＿＿＿＿＿＿＿＿＿。

## 잠깐

### ♠ 동경 주요 노선

야마노테선(山手線)은 도쿄 도심부에서 각 방면으로 뻗어나갈 수 있는 많은 역을 두고, 시계방향으로 도는 노선과 그 역방향으로 도는 노선이 서로 연결되며 다른 철도나 지하철을 연결하고 있는 주요 순환선이다.

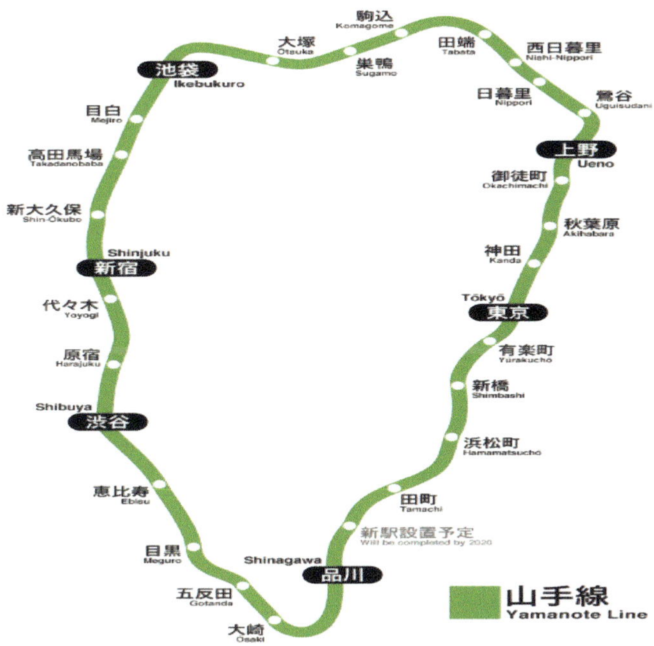


### ♠ 主要路線を読む

- 品川(시나가와)
- 新橋(신바시)
- 東京(도쿄)
- 神田(간다)
- 秋葉原(아키하바라)
- 上野(우에노)
- 日暮里(닛포리)
- 池袋(이케부쿠로)
- 新宿(신주쿠)
- 代々木(요요기)
- 原宿(하라주쿠)
- 渋谷(시부야)
- 目黒(메구로)

# 부록

1. 4~15과 본문 해석
2. 동사활용표
3. 형용사 · 형용동사 · 명사 활용표
4. 조수사
5. 일본인의 성(性)씨 읽기

## 1. 4~15과 본문 해석

### 4과 처음 뵙겠습니다.

다나카 처음 뵙겠습니다. 저는 다나카 이치로라고 합니다.
김 처음 뵙겠습니다. 저는 김영희입니다.
잘 부탁드립니다.
다나카 저야말로 잘 부탁드립니다.
김 저, 실례입니다만 당신은 회사원입니까?
다나카 네, 그렇습니다. 하지만 아직은 신참입니다.
김씨도 회사원입니까?
김 아니오. 그렇지 않습니다. 저는 대학 4학년입니다.
다나카 만나게 되어 기쁩니다.

### 5과 이것은 무엇입니까?

박 그것은 무엇입니까?
무라카미 이것은 필통입니다.
박 와, 귀여워라! 당신 것입니까?
무라카미 아니오, 제 것이 아닙니다.
박 그럼 누구 필통입니까?
무라카미 저기 있는 친구의 것입니다.
박 그렇습니까? 그럼 저쪽이 다나카씨입니까?
무라카미 아니오, 하야시입니다.
그런데 이 가방은 어느 분 것입니까?
박 제 것입니다. 어머니가 사주었습니다.
무라카미 예쁘군요.
박 고맙습니다.

## 6과 가족은 몇 명입니까?

| | |
|---|---|
| 김유나 | 야마모토씨의 가족은 몇 명이에요? |
| 야마모토 | 우리는 가족이 4명이에요.<br>부모님과 남동생이 있습니다만, 남동생은 미국에 있어요. |
| 김유나 | 아, 미국에 있군요. |
| 야마모토 | 유나씨 가족은요? |
| 김유나 | 저를 포함해서 5명입니다만, 오빠가 둘이에요. |
| 야마모토 | 하~, 유나씨는 막내이고 저는 장남이군요. |
| 김유나 | 그렇군요. 큰 오빠는 공무원이에요.<br>이건 가족사진이에요. 보세요. |
| 야마모토 | 예쁘게 나왔군요.<br>유나씨와 어머니가 닮았군요. |
| 김유나 | 네, 저는 엄마를 많이 닮았어요. |

## 7과 테이블 위에 무엇이 있습니까?

| | |
|---|---|
| 하시우에 | 미경씨, 회의 자료는 어디에 있습니까? |
| 미경 | 테이블 위에 없습니까? |
| 하시우에 | 확실히 테이블 위에 있습니까? |
| 미경 | 거기에 없습니까….<br>아! 조금 전 책상서랍에 넣어두었어요.<br>미안합니다, 여기. |
| 하시우에 | 고맙습니다.<br>그런데 미경씨, 우체국은 어디입니까? |
| 미경 | 저기 보이는 흰 건물 뒤쪽에 있습니다. |
| 하시우에 | 그럼 이 서류를 부치고 오겠습니다. |
| 미경 | 네, 다녀오세요. |

### 8과 지금 몇 시입니까?

| | |
|---|---|
| 모리무라 | 한씨, 지금 몇 시입니까? |
| 한 | 지금은 10시 10분입니다. |
| 모리무라 | 한국의 은행은 몇 시부터입니까? |
| 한 | 은행 말입니까? 9시 30분부터입니다. |
| 모리무라 | 몇 시까지입니까? |
| 한 | 오후 4시반까지 입니다만, 내일은 쉽니다. |
| 모리무라 | 네? 왜요? |
| 한 | 내일은 '한글날'입니다. |
| 모리무라 | 네, 경축일이군요.<br>그럼 이벤트라도 있습니까? |
| 한 | 네, 광화문광장의 세종대왕 동상 앞에서<br>여러 가지 행사가 열립니다. |
| 모리무라 | 그래요? 가보고 싶군요. |
| 한 | 내일 같이 갑시다. |

### 9과 오늘은 무슨 요일입니까?

| | |
|---|---|
| 이노우에 | 당신의 생일은 언제입니까? |
| 순희 | 저요? 10월 5일입니다. |
| 이노우에 | 아, 네. 가을이군요. |
| 순희 | 이노우에씨는 언제입니까? |
| 이노우에 | 제 생일은 일본의 '문화의 날'인 11월 3일입니다. |
| 순희 | 와~, 경축일이군요. 그럼 몇 년생이세요? |
| 이노우에 | 실례지만, 몇 살로 보입니까? |
| 순희 | 글쎄요. 잘 모르겠네요. |
| 이노우에 | 1985년생입니다. |
| 순희 | 어머, 저보다 한 살 위이군요. 정말 어려보여요. |
| 이노우에 | 우리들 동갑이라고 생각했습니다. |

### 10과 이것은 얼마입니까?

점원　어서 오세요.
오늘의 추천은 딸기케이크세트입니다.
야마다　이것은 얼마입니까?
점원　1,250엔입니다.
야마다　좀 비싸네요.
점원　손님, 이쪽의 것은 어떻습니까?
가장 인기 있는 커피와 치즈케이크세트로 850엔입니다.
야마다　그럼 이것으로 하겠습니다.
그리고 커피는 샷 추가해 주세요.
점원　네, 알겠습니다. 샷 추가해서 900엔입니다.
야마다　1,000엔짜리입니다.
점원　네, 1,000엔 받았습니다.
여기 거스름돈 100엔과 영수증입니다. 감사합니다.

### 11과 정말 맛있군요.

미나　마쓰모토씨 안녕하세요. 오늘 날씨가 좋군요.
마쓰모토　네, 그렇군요. 그다지 덥지도 않고 참 좋군요.
미나　저, 마쓰모토씨. 주말에 무엇을 했습니까?
마쓰모토　친구와 영화를 봤습니다. 정말 재미있었어요.
미나　그거 잘 됐군요. 식사는 무엇으로 했어요?
마쓰모토　갈비 먹었어요.
미나　맛이 어땠어요?
마쓰모토　좀 비싸긴 했지만, 정말 맛있었어요.
미나　부럽군요. 그런데 한국어는 어렵지 않아요?
마쓰모토　당연히 어렵지요. 저는 아직까지 떠듬거리는걸요.
미나　그럼, 일본어로 말했어요?
마쓰모토　네, 그 사람이 일본어를 잘해서요.

## 12과 전통요리를 좋아합니다.

오가와　수진씨는 한국요리 중에 무엇을 가장 좋아합니까?

수진　여러 가지 있습니다만, 그중에서 비빔밥을 좋아합니다.
건강식에다 싸니까요.

오가와　저도 비빔밥을 좋아해서 만들기도 합니다.

수진　헤에~, 정말이세요?

오가와　한국에 유학했을 때 친구한테서 배웠습니다만,
잘하지는 못해요. 그런데 수진씨의 취미는 무엇입니까?

수진　이렇다 할 만한 것은 없습니다만,
요즘은 살이 쪄서 짐에 다니고 있습니다.

오가와　네, 그렇군요.

(분위기를 바꿔서)

수진　자, 도착했습니다.
이 가게는 불고기와 비빔밥전문점으로 유명해요.

오가와　깨끗하고 조용한 곳이군요.

## 13과 얼마나 걸립니까?

노다　김씨는 지하철로 학교에 갑니까?

김　지하철로 갈 때도 있습니다만, 대개 버스로 갑니다.

노다　집에서 멉니까?

김　아니오, 그다지 멀지 않습니다. 15분 정도 걸립니다.

노다　학교에 우체국이 있습니까?

김　물론입니다.
현금인출기도 빌딩마다 있습니다.

노다　참 편리하군요.

김　그런데 오후는 뭔가 일정이 있습니까?

노다　아니오, 없습니다만.

김　그럼 도서관에 가지 않겠습니까?
노다　좋지요. 함께 갑시다.

### 14과 신문을 읽고 있습니다.

우에다　지금 무엇을 하고 있어요?
지훈　일본신문을 읽고 있어요.
우에다　신문을요! 어렵지 않아요?
지훈　한자는 읽는 방법이 많아서 잘 모르겠어요.
일상회화라면 어떻게든 할 수 있습니다만.
우에다　하지만, 읽지 못해도 뜻은 알지요?
지훈　뭐, 그렇긴 합니다만.
우에다　그런데 지훈씨. 이거 별 것 아닙니다만…
지훈　에~, 뭐예요? 열어봐도 됩니까?
우에다　당연하지요.
지훈　와, 좋아라! 예쁜 화과자네요.
한 개 먹을게요.
우에다　고향의 어머니가 보내주셨어요.
지훈　맛있어요.

### 15과 일본어를 할 수 있습니까?

이미나　스즈키씨, 피곤해 보이는군요.
스즈키　어제는 그다지 잠을 자지 못했습니다.
이미나　무슨 일 있었어요?
스즈키　오랜만에 친구를 만나 밤늦게까지 술을 마셨습니다.
이미나　술 마실 줄 아세요?
스즈키　저, 술 많이 좋아합니다.
이미나　헤~, 그래서 실컷 마셨군요. 그럼 식사는요?
스즈키　해산물이 듬뿍 들어간 짬뽕을 먹었습니다.

이미나　한국의 짬뽕은 좀 맵습니다만.

스즈키　매운 음식을 못 먹으니 고추를 빼달라고 했습니다.

이미나　그거 다행이군요.

그럼, 해장술이라도 할까요?

스즈키　고맙지만, 그건 무리입니다.

이미나　그렇다면, 오늘도 열심히 합시다.

스즈키　넵.

## 2. 동사활용표

| | | 기본형 | う/よう형 | 가능형 | れる/られる | せる/させる | 명령형 |
|---|---|---|---|---|---|---|---|
| 5단동사 | つ음편 | 買う | 買おう | 買える | 買われる | 買わせる | 買え |
| | | 待つ | 待とう | 待てる | 待たれる | 待たせる | 待て |
| | | 乗る | 乗ろう | 乗れる | 乗られる | 乗らせる | 乗れ |
| | ん음편 | 死ぬ | 死のう | 死ねる | 死なれる | 死なせる | 死ね |
| | | 遊ぶ | 遊ぼう | 遊べる | 遊ばれる | 遊ばせる | 遊べ |
| | | 飲む | 飲もう | 飲める | 飲まれる | 飲ませる | 飲め |
| | い음편 | 聞く | 聞こう | 聞ける | 聞かれる | 聞かせる | 聞け |
| | | 泳ぐ | 泳ごう | 泳げる | 泳がれる | 泳がせる | 泳げ |
| | | 探す | 探そう | 探せる | 探される | 探せる | 探せ |
| | 예외 | 行く | 行こう | 行ける | 行かれる | 行かせる | 行け |
| 1단동사 | 상1단 | 見る | 見よう | 見られる | 見られる | 見させる | 見ろ |
| | 하1단 | 寝る | 寝よう | 寝られる | 寝られる | 寝させる | 寝ろ |
| 변격동사 | か행 | 来る | 来よう | 来られる | 来られる | 来させる | 来い |
| | さ행 | する | しよう | できる | される | させる | しろ |

## 3. 형용사 · 형용동사 · 명사 활용표

| | 기본형 | 연체형 | なる형 | て형 | た형 |
|---|---|---|---|---|---|
| 형용사 | うれしい | うれしい | うれしくなる | うれしくて | うれしかった |
| | ひろい | ひろい | ひろくなる | ひろくて | ひろかった |
| | たかい | たかい | たかくなる | たかくて | たかかった |
| | よい | よい | よくなる | よくて | よかった |
| | さむい | さむい | さむくなる | さむくて | さむかった |
| 조동사(희망) | 食べたい | 食べたい | 食べたくなる | 食べたくて | 食べたかった |
| 형용동사 | 元気だ | 元気な | 元気になる | 元気で | 元気だった |
| | 静かだ | 静かな | 静かになる | 静かで | 静かだった |
| | きれいだ | きれいな | きれいになる | きれいで | きれいだった |
| | 自由だ | 自由な | 自由になる | 自由で | 自由だった |
| | 便利だ | 便利な | 便利になる | 便利で | 便利だった |
| 명사 | 先生だ | 先生の | 先生になる | 先生で | 先生だった |
| | 医者だ | 医者の | 医者になる | 医者で | 医者だった |

| | 기본형 | ない형 | ば/なら | だろう (추측표현 1) | そうだ (추측표현 2) |
|---|---|---|---|---|---|
| 형용사 | うれしい | うれしくない | うれしければ | うれしいだろう | うれしそうだ |
| | ひろい | ひろくない | ひろければ | ひろいだろう | ひろそうだ |
| | あかい | あかくない | あかければ | あかいだろう | あかそうだ |
| | よい | よくない | よければ | よいだろう (いいだろう) | よさそうだ |
| | さむい | さむくない | さむければ | さむいだろう | さむそうだ |
| 조동사 (희망) | 食べたい | 食べたくない | 食べたければ | 食べたいだろう | 食べたそうだ |
| 형용동사 | 元気だ | 元気で(は)ない | 元気ならば | 元気だろう | 元気そうだ |
| | 静かだ | 静かで(は)ない | 静かならば | 静かだろう | 静かそうだ |
| | きれいだ | きれいで(は)ない | きれいなら | きれいだろう | きれいそうだ |
| | 自由だ | 自由で(は)ない | 自由ならば | 自由だろう | 自由そうだ |
| | 便利だ | 便利で(は)ない | 便利ならば | 便利だろう | 便利そうだ |
| 명사 | 先生だ | 先生で(は)ない | 先生なら | 先生だろう | · |
| | 医者だ | 医者で(は)ない | 医者なら | 医者だろう | · |

| | 기본형 | ようだ (추측표현 3) | かもしれない (추측표현 4) | ーく / ーに (부사적 표현) |
|---|---|---|---|---|
| 형용사 | うれしい | うれしいようだ | うれしいかもしれない | うれしく |
| | ひろい | ひろいようだ | ひろいかもしれない | ひろく |
| | あかい | あかいようだ | あかいかもしれない | あかく |
| | よい | よいようだ (いいようだ) | よいかもしれない いいかもしれない | よく |
| | あたたかい | あたたかいようだ | あたたかいかもしれない | あたたかく |
| 조동사 (희망) | 食べたい | 食べたいようだ | 食べるかもしれない | たべたく |
| | 飲みたい | 飲みたいようだ | 飲むかもしれない | 飲みたく |
| 형용동사 | 元気だ | 元気なようだ | 元気かもしれない | 元気に |
| | まじめだ | まじめなようだ | まじめかもしれない | まじめに |
| | きれいだ | きれいなようだ | きれいかもしれない | きれいに |
| | 便利だ | 便利なようだ | 便利かもしれない | 便利に |
| | 自由だ | 自由なようだ | 自由かもしれない | じゆうに |
| 명사 | 作家だ | 作家のようだ | 作家かもしれない | 作家に |
| | 医者だ | 医者のようだ | 医者かもしれない | 医者に |
| | 先生だ | 先生のようだ | 先生かもしれない | 先生に |

## 4. 조수사

| | 個(こ) 개 | 年齢(ねんれい) 나이 | 本(ほん) 병, 자루 | 冊(さつ) 권 | 台(だい) 대 | 階数(かいすう) 층수 | 動物(どうぶつ) 동물 |
|---|---|---|---|---|---|---|---|
| 1 | いっこ | いっさい | いっぽん | いっさつ | いちだい | いっかい | いっぴき |
| 2 | にこ | にさい | にほん | にさつ | にだい | にかい | にひき |
| 3 | さんこ | さんさい | さんぼん | さんさつ | さんだい | さんかい | さんびき |
| 4 | よんこ | よんさい | よんほん | よんさつ | よんだい | よんかい | よんびき |
| 5 | ごこ | ごさい | ごほん | ごさつ | ごだい | ごかい | ごひき |
| 6 | ろっこ | ろくさい | ろっぽん | ろくさつ | ろくだい | ろっかい | ろっぴき |
| 7 | ななこ | ななさい | ななほん | ななさつ | ななだい | ななかい | ななひき |
| 8 | はっこ | はっさい | はっぽん | はっさつ | はちだい | はっかい | はっぴき |
| 9 | きゅうこ | きゅうさい | きゅうほん | きゅうさつ | きゅうだい | きゅうかい | きゅうひき |
| 10 | じゅっこ | じゅっさい | じゅっぽん | じゅっさつ | じゅうだい | じゅっかい | じゅっぴき |
| ? | なんこ | なんさい | なんぼん | なんさつ | なんだい | なんがい | なんびき |

| | 数(すう) 수 | 杯(はい) 잔 | 番号(ばんごう) 번호 | 回数(かいすう) 횟수 | 人数(にんすう) 인수 | 枚(まい) 장 | 金額(きんがく) 금액 |
|---|---|---|---|---|---|---|---|
| 1 | ひとつ | いっぱい | いちばん | いっかい | ひとり | いちまい | いちえん |
| 2 | ふたつ | にはい | にばん | にかい | ふたり | にまい | にえん |
| 3 | みっつ | さんばい | さんばん | さんがい | さんにん | さんまい | さんえん |
| 4 | よっつ | よんはい | よんばん | よんかい | よにん | よんまい | よんえん |
| 5 | いつつ | ごはい | ごばん | ごかい | ごにん | ごまい | ごえん |
| 6 | むっつ | ろっぱい | ろくばん | ろっかい | ろくにん | ろくまい | ろくえん |
| 7 | ななつ | ななはい | ななばん | ななかい | ななにん | ななまい | ななえん |
| 8 | やっつ | はっぱい | はちばん | はっかい | はちにん | はちまい | はちえん |
| 9 | ここのつ | きゅうはい | きゅうばん | きゅうかい | きゅうにん | きゅうまい | きゅうえん |
| 10 | とお | じゅっぱい | じゅうばん | じゅっかい | じゅうにん | じゅうまい | じゅうえん |
| ? | いくつ | なんばい | なんばん | なんがい | なんにん | なんまい | いくら |

## 5. 일본인의 성(性)씨 읽기

| 順番 | 性氏 | 順番 | 性氏 | 順番 | 性氏 | 順番 | 性氏 |
|---|---|---|---|---|---|---|---|
| 1 | 佐藤(さとう) | 2 | 鈴木(すずき) | 3 | 高橋(たかはし) | 4 | 田中(たなか) |
| 5 | 山下(やました) | 6 | 山口(やまぐち) | 7 | 山本(やまもと) | 8 | 中村(なかむら) |
| 9 | 小林(こばやし) | 10 | 斉藤(さいとう) | 11 | 加藤(かとう) | 12 | 山田(やまだ) |
| 13 | 吉田(よしだ) | 14 | 佐々木(ささき) | 15 | 伊藤(いとう) | 16 | 井上(いのうえ) |
| 17 | 松本(まつもと) | 18 | 木村(きむら) | 19 | 清水(しみず) | 20 | 林(はやし) |
| 21 | 山崎(やまさき) | 22 | 池田(いけだ) | 23 | 中島(なかじま) | 24 | 森(もり) |
| 25 | 石川(いしかわ) | 26 | 橋本(はしもと) | 27 | 小川(おがわ) | 28 | 阿部(あべ) |
| 29 | 長谷川(はせがわ) | 30 | 石井(いしい) | 31 | 内田(うちだ) | 32 | 岡田(おかだ) |
| 33 | 青木(あおき) | 34 | 近藤(こんどう) | 35 | 金子(かねこ) | 36 | 和田(わだ) |
| 37 | 大田(おおだ) | 38 | 小島(こじま) | 39 | 島田(しまだ) | 40 | 遠藤(えんどう) |
| 41 | 田村(たむら) | 42 | 高木(たかぎ) | 43 | 中野(なかの) | 44 | 小山(おやま) |
| 45 | 野田(のだ) | 46 | 福田(ふくだ) | 47 | 大塚(おおつか) | 48 | 岡本(おかもと) |
| 49 | 野村(のむら) | 50 | 上田(うえだ) | 51 | 今井(いまい) | 52 | 前田(まえだ) |
| 53 | 藤井(ふじい) | 54 | 原(はら) | 55 | 三浦(みうら) | 56 | 小野(おの) |
| 57 | 片山(かたやま) | 58 | 吉村(よしむら) | 59 | 上野(うえの) | 60 | 宮本(みやもと) |
| 61 | 横田(よこた) | 62 | 西川(にしかわ) | 63 | 武田(たけだ) | 64 | 中川(なかがわ) |
| 65 | 北村(きたむら) | 66 | 大野(おおの) | 67 | 竹内(たけうち) | 68 | 原田(はらた) |
| 69 | 松岡(まつおか) | 70 | 矢野(やの) | 71 | 村上(むらうえ) | 72 | 安藤(あんどう) |
| 73 | 西村(にしむら) | 74 | 関(せき) | 75 | 菊池(きくち) | 76 | 森田(もりた) |
| 77 | 横山(よこやま) | 78 | 辻(つじ) | 79 | 田邉(タナベ) | 80 | 石田(いしだ) |
| 81 | 中山(なかやま) | 82 | 松田(まつだ) | 83 | 丸山(まるやま) | 84 | 広瀬(ひろせ) |
| 85 | 渡辺(わたなべ) | 86 | 久保(くぼ) | 87 | 松村(まつむら) | 88 | 新井(あらい) |
| 89 | 川上(かわうえ) | 90 | 大島(おおしま) | 91 | 野口(のぐち) | 92 | 福島(ふくしま) |
| 93 | 黒田(くろだ) | 94 | 増田(ますだ) | 95 | 後藤(ごとう) | 96 | 桜井(さくらい) |
| 97 | 石原(いしはら) | 98 | 服部(はっとり) | 99 | 藤原(ふじわら) | 100 | 市川(いちかわ) |
| 101 | 生川(いくがわ) | 102 | 奈良部(ならべ) | 103 | 北山(きたやま) | 104 | 夏目(なつめ) |

**저자약력**

**송경희**(Song, Kyung Hee)

- (일본)바이코(梅光)대학 대학원 박사수료
- 현재 계명대학교, 방송통신대학교 강사
- 논저 〈오토기조시〉(공동역서, 지식과교양, 2017)
  〈재미있는 생생일본어〉(백산출판사, 2014)
  〈うちの先生〉(역서, グル, 2014)
  〈観光日本語〉(백산출판사, 2010)
  「猿蓑」連句の美学－無季を中心に－(일본어문학회, 2006) 외 다수의 논문


## 쉽고 재미있는 **생생일본어**


2014년 9월 5일 초 판 1쇄 발행
2018년 4월 20일 개정판 1쇄 발행

**지은이** 송경희
**펴낸이** 진욱상
**펴낸곳** 백산출판사
**교 정** 편집부
**본문디자인** 오행복
**표지디자인** 오정은

저자와의 합의하에 인지첩부 생략

**등 록** 1974년 1월 9일 제406-1974-000001호
**주 소** 경기도 파주시 회동길 370(백산빌딩 3층)
**전 화** 02-914-1621(代)
**팩 스** 031-955-9911
**이메일** edit@ibaeksan.kr
**홈페이지** www.ibaeksan.kr

ISBN 979-11-5763-476-7 93730
**값 18,000원**